Michael Bolz

Logistisches Prozessmodell in regionalen Produktionskooperationen

Vermeidung von Kapazitätsengpässen durch Produktionsverlagerungen in Produktionsnetzwerken

Diplomica® Verlag GmbH

Bolz, Michael: Logistisches Prozessmodell in regionalen Produktionskooperationen. Vermeidung von Kapazitätsengpässen durch Produktionsverlagerungen in Produktionsnetzwerken, Hamburg, Diplomica Verlag GmbH 2011

ISBN: 978-3-8428-5906-7
Druck: Diplomica® Verlag GmbH, Hamburg, 2011

Bibliografische Information der Deutschen Nationalbibliothek:
Die Deutsche Nationalbibliothek verzeichnet diese Publikation in der Deutschen Nationalbibliografie; detaillierte bibliografische Daten sind im Internet über http://dnb.d-nb.de abrufbar.

Die digitale Ausgabe (eBook-Ausgabe) dieses Titels trägt die ISBN 978-3-8428-0906-2 und kann über den Handel oder den Verlag bezogen werden.

Inhaltsverzeichnis

Abbildungsverzeichnis

Tabellenverzeichnis

Abkürzungsverzeichnis

IuK	Information und Kommunikation
KMU	Klein- und mittelständische Unternehmen
LDL	Logistikdienstleister
NVE	Nummer der Versandeinheit
PPS	Produktionsplanung und –steuerung
RWTH	Rheinisch-Westfälische Technische Hochschule
SC	Supply Chain
SCC	Supply Chain Council
SCM	Supply Chain Management
SCOR	Supply Chain Operations Reference
TUL	Transport, Umschlag und Lagerung

1 Einleitung

Im Zuge der Globalisierung in den letzten Jahrzehnten und den aufstrebenden Industrien in Fernost und Südamerika sieht sich die Wirtschaft der Industrieländer gezwungen, effizienter zu arbeiten, um den wandelnden Marktanforderungen gerecht zu werden. Es gilt, die eigene Konkurrenzfähigkeit auf dem globalen Markt zu wahren, zu stärken und den geringeren Produktionskosten der neuen Konkurrenz entgegenzutreten. Dies wird neben technologischen und qualitativen Vorteilen durch die Optimierung von Kapazitäten erreicht. Über- und Unterkapazitäten müssen aufeinander abgestimmt werden, um die Produktivität zu steigern und Kosten zu sparen. Unter Kapazitäten werden die Ressourcen in Unternehmen verstanden, die zur Leistungserstellung benötigt werden (Maschinen, Personal).

1.1 Problemstellung

Im Rahmen dieser Studie steht die Problematik von Kapazitätsschwankungen in der Produktion der fertigenden Industrie im Vordergrund. Während Unternehmen aufgrund großer Aufträge Kapazitätserweiterungen durchführen, um diese Großaufträge durchführen zu können, ergeben sich nach Abschluss der Aufträge oftmals Überkapazitäten, die auf Grund ausbleibender Folgeaufträge nicht genutzt werden. Maschinen und Personal können daher temporär nicht beschäftigt werden, was zur Unwirtschaftlichkeit führt. Zahlreiche Kündigungen sind die Folge und die Option Zeitarbeiter einzustellen gewinnt an Interesse bei großen Unternehmen. Dies führt zu zahlreichen politischen und sozialen Problemen. Die jüngste Wirtschaftskrise im Jahr 2009 zeigte auf, zu welchen Problemen das Ausbleiben von Großaufträgen führt.

Aufgrund unvorhersehbarer wirtschaftlicher Nachfrageschwankungen stehen sich Überkapazitäten und Kapazitätsengpässe in der Produktion gegenüber. Um dieser Problematik entgegenzutreten, stehen verschiedene Vorgehensweisen zur Kapazitätskompensierung zur Verfügung:

Liegen Kapazitätsengpässe vor, so wird zunächst allgemein versucht, die eigene Produktion durch eine Veränderung der Anzahl eingesetzter Potentialfaktoren, wie bspw. einer

Ausdehnung der Betriebszeiten (Überstunden der Belegschaft) oder einer Erhöhung der Produktionsgeschwindigkeit (Erhöhung des Durchsatzes), zu steigern /Dyckho1998, S.291/. Weiterhin können fertigungskompatible Kapazitäten anderer Unternehmensbereiche genutzt werden, falls diese verfügbar sein sollten. Kann die Nachfrage mit Hilfe dieser Maßnahmen jedoch nicht befriedigt werden, so muss über eine Fremdvergabe der Produktion an externe Unternehmen[1] oder über einen Fremdbezug einfach strukturierter Teile oder Baugruppen entschieden werden. Analog können bei Überkapazitäten Fremdaufträge anderer Unternehmen entgegengenommen werden, um die eigene Produktivität bei schwacher eigener Auftragslage zu steigern. Hierbei bietet sich eine Kooperation branchenähnlicher oder -gleicher Unternehmen in Form von **Unternehmensnetzwerken** an, um auch weitere Synergieeffekte (im Einkauf, Marketing, Absatz, etc.) erzielen zu können.[2] Eigene Kapazitäten können abgebaut, fremde Kernkompetenzen genutzt und eine gesteigerte Kostentransparenz erzielt werden, während der Koordinationsaufwand und die Abhängigkeit von Dienstleistern analog steigt /Figgen2007, S.31/. /Häusle2002, S.105/

1.2 Zielsetzung

Ziel dieser Studie ist es, einen allgemeinen Ansatz zu entwickeln, wie die logistischen Abläufe zwischen zwei miteinander kooperierenden Unternehmen in regionalen Netzwerken optimiert werden können, um Kosten zu sparen und die Effizienz in der Produktion zu steigern. Die logistischen interorganisatorischen Prozesse zur Umsetzung von Produktionsverlagerungen in Produktionskooperationen werden dargestellt und eine standardisierte logistische Prozesskette zwischen den jeweiligen Unternehmen erstellt. Diese Prozesskette definiert schließlich Standards, wie die interorganisatorischen Prozessabläufe in die intralogistischen Abläufe der einzelnen Organisationen integriert werden können. Es wird ein logistisches Prozessmodell für regionale Produktionskooperationen aufgestellt (Abbildung 30), das diese Prozesskette visualisiert darstellt. Wie in diesem Werk vorgegangen wird, um dieses Modell zu erarbeiten beschreibt der folgende Abschnitt.

---

[1] In Kapitel 4.3 wird diese Vorgehensweise am Beispiel von Fräsmaschinen aufgegriffen und detailliert erläutert.
[2] Welche Unternehmensformen für solche Produktionskooperationen geeignet sind, wird in Kapitel 4.2 diskutiert.

1.3 Aufbau des Buches

Zur Erarbeitung dieses Prozessmodells wird zunächst der dafür notwendige theoretische Hintergrund geschaffen. Das logistische Prozessmodell bezieht sich auf regionale Produktionsnetzwerke, weshalb zunächst logistische Netzwerke vorgestellt werden, um die logistische Bedeutung in regionalen Netzwerken aufzuzeigen (vgl. Kapitel 2). Es wird sowohl auf die Entstehungsgeschichte logistischer Netzwerke, als auch auf deren Abgrenzung zu Unternehmensnetzwerken eingegangen. Nach dieser Abgrenzung wird gezielt das Phänomen regionaler Netzwerke untersucht, da diese Form der Unternehmensnetzwerke in diesem Buch im Vordergrund steht. Allgemeine Ziele von Netzwerken und Ausblicke in deren zukünftige Entwicklung werden innerhalb dieses Kapitels ebenfalls vorgestellt.

Kapitel 3 befasst sich mit den allgemein erforderlichen Erfolgsvoraussetzungen regionaler Produktionsnetzwerke. Neben generellen (Wahrung individueller Autonomien, Vertrauensaufbau und –pflege) wird sich vor allem mit logistisch notwendigen Voraussetzungen befasst, die ausschlaggebend für die spätere Betrachtung logistischer Hauptprozesse (vgl. Kapitel 4) sind. Vernetzungsfähige Produktionsstätten und in erster Linie die Schnittstellengestaltung stehen im Mittelpunkt für die spätere Erarbeitung des logistischen Prozessmodells. Logistische Probleme bei der Planung regionaler Netzwerke werden erläutert und theoretische Ansätze zur Gestaltung interorganisatorischer Kooperationen vorgestellt.

Anschließend werden in Kapitel 4 Kooperationspotenziale von Unternehmen mit unterschiedlichen Auftragsabwicklungstypen vorgestellt und aufgezeigt, zwischen welchen Unternehmen grundsätzlich Kooperationspotenziale bestehen. Bilaterale, logistische Hauptprozesse zur Kooperationsumsetzung werden erarbeitet und im Prozessmodell dargestellt (vgl. Abbildung 30).

2 Logistische Netzwerke

In Anbetracht des schnellen technologischen Wandels, dem damit einhergehenden verschärften Innovationsdruck, der Verkürzung von Produkt- und Technologielebenszyklen und der Globalisierung sehen sich Unternehmen veränderten Wettbewerbsbedingungen gegenüber. Strategische Flexibilität, Spezialisierung auf unternehmerische Kernkompetenzen, Kombinationen komplementärer Kompetenzen sowie interorganisationale Beziehungen sind einige der grundlegenden Merkmale, die im Zuge der Globalisierung unwiegerlich zu der neuen Unternehmensstrategie der Unternehmungsnetzwerke geführt haben /Vision1996, S.17/. Dabei gewinnen vor allem auch Netzwerke und entsprechende Kooperationen in einzelnen Regionen zunehmend an Bedeutung. Immer häufiger tauchen Begriffe wie „regionale Netzwerke", „lernende Regionen", „innovative Netzwerke", „kreatives Milieu" oder „Cluster" auf.

2.1 Historischer Hintergrund

Durch vermehrte Beschäftigungszuwachsbeobachtungen der 70er und 80er Jahre in innovativen, flexibel strukturierten klein- und mittelständischen Betrieben (KMU) in Japan und Amerika, wurde das Prinzip der Massenfertigung in der westlichen Industrie zunehmend in Frage gestellt. Nach umfangreichen Effizienzbetrachtungen stellte man fest, dass zwei Drittel der einzelnen Produktvarianten im Zuge der Massenfertigung kaum am Unternehmenserfolg beteiligt waren, sondern vielmehr hohe Kapitalbindungskosten verursachten. Durch den Wandel des Marktes und der damit einhergehenden Änderungen der Marktanforderungen an die Produkte gab es eine stetige Verkürzung der Produktlebenszyklen in vielen Branchen, wodurch sich Strukturinvestitionen in diesem Bereich als zunehmend profitabel erwiesen. Durch den klaren Trend der unternehmerischen Beschränkung auf die jeweiligen Kernkompetenzen in den 90er Jahren, weg von möglichst großen Fertigungstiefen, etablierte sich die Logistik zur ertragsoptimalen Steuerung sämtlicher Material- und Warenbewegungen innerhalb und zwischen allen Wirtschaftsunternehmen. Neue Zielvorgaben waren nun das Erreichen der bestandslosen Distribution und die lagerlose Fertigung, was zu einer großen Anzahl verschiedener, bspw. interorganisatorischer, Logistiksysteme geführt hat. /Pohlma1995, S.8f./

4

2.1.1 Entstehung von Logistiksystemen

Vorab definiert sich die Logistik im weiteren Sinne als Planung, Umsetzung und Kontrolle von Material- und Informationsflüssen und umfasst hierbei allgemein die Beschaffungs-, Produktions-, Distributions-, Entsorgungs- und Informationslogistik /Schuh2006, S.564/. Logistik als Querschnittsfunktion umfasst sämtliche Materialbewegungen entlang der Wertschöpfungskette und beinhaltet somit alle Prozesse des Transports, der Lagerung, der Materialhandhabung und Verpackung /Tempel2005, S.9/. Auf der operativen Ebene stellt die Logistik eine interdisziplinäre Hilfswissenschaft dar, die die Wissenschaften verschiedener Fachbereiche miteinander verbindet und in einen gesamtorganisatorischen Zusammenhang bringt, der schließlich mit Hilfe logistischer Werkzeuge ganzheitlich optimiert wird /Gudehu2005, S.8f./. Zur Zieldefinition der Logistik werden häufig die sogenannten „sieben R" der Logistik verwendet, die auf den „sechs R" von *Jünemann* aufbauen /Mathar2009, S.14/: Die *richtige* Ware zur *richtigen* Zeit am *richtigen* Ort in der *richtigen* Menge in der *richtigen* Qualität zu den *richtigen* Kosten beim *richtigen* Kunden bereitstellen, um die Kundenzufriedenheit als das wichtigste logistische Ziel zu erreichen /N.N.2009a/.

Durch den immer stärker werdenden globalen Wettbewerb sind die Unternehmen weltweit dazu gezwungen, sowohl günstiger als auch qualitativ hochwertiger zu produzieren, wobei zusätzlich auch die Herausforderungen an das produktbegleitende Dienstleistungsangebot stetig steigen. Um diesen Anforderungen nachzukommen, werden strategische Konzepte zur Unterstützung der logistischen Erfolgspotenziale in Form von neuen Informations- und Kommunikationstechnologien (IuK-Technologien) genutzt, sowie Produktionsnetzwerke eingeführt, um die vom Markt geforderten Effizienzsteigerungen zu erzielen. /Schuh2006, S.566/

IuK-Technologien (als strategisch logistische Hilfsmittel) haben das primäre Ziel, durchgängige und unterbrechungsfreie Material- und Informationsflüsse zu gewährleisten. Transport-, Umschlag- und Lagerprozesse (TUL-Prozesse) sowie Kommissionierungsvorgänge werden in vielen Unternehmen durch Materialflusssysteme gesteuert und selbst ganze Produktionslinien werden durch Produktionsplanungs- und Steuerungssysteme

(PPS-Systeme) überwacht. Informationssysteme zur Disposition und Verwaltung von Betriebsmitteln, bspw. *Fuhrparkinformations-* und *Tourenplanungssysteme*, *Container-*, *Palettendispositions-* und *Steuerungssysteme*, *satelliten-* und *mobilfunkgesteuerte Tracking-* und *Tracingsysteme* zur Sendungsverfolgung, gehören heute zum Standard zahlreicher Logistikunternehmen. Logistische Informationssysteme entlang der gesamten Supply Chain ermöglichen zahlreiche neue Kooperationsformen zwischen den einzelnen Logistikunternehmen, die etwa mit Hilfe des elektronischen Datenaustausches schnell auf Marktveränderungen vom Einzelhandel bis zum Rohstofflieferanten reagieren können oder neue Geschäftsfelder (bspw. durch E-Commerce) erschließen. /N.N.2010b/

Unternehmen treten den immer komplexer werdenden Marktanforderungen nicht nur mit Hilfe von IuK-Technologien entgegen, sondern etablieren auch, ermöglicht durch deren heutigen technischen Möglichkeiten, verschiedenartige Produktionsnetzwerke, um die entsprechenden Anforderungen zu erfüllen und die jeweils anfallenden Logistikprozesse zu optimieren. Diese Prozesse fallen entlang der gesamten Wertschöpfungskette vom Rohstoff bis zum Fertigprodukt an und begleiten jede Instanz dieser Kette. Abbildung 1 beschreibt exemplarisch den Logistikkreislauf der Holzindustrie. Analog zu diesem Beispiel lässt sich der Großteil aller Industriezweige mit Hilfe dieser Darstellung veranschaulichen.

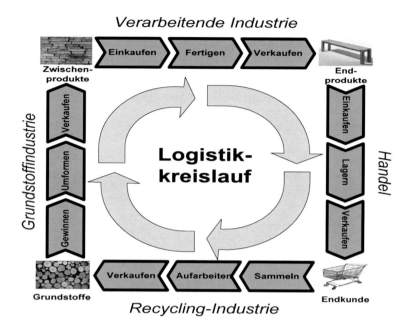

Abbildung 1: Logistikkreislauf (eigene Darstellung)

Alle beteiligten Wirtschaftsbereiche innerhalb dieses Logistikkreislaufs gilt es nun mit Hilfe sogenannter Logistiksysteme möglichst effizient und gewinnorientiert zu optimieren. Grundsatz jedes Logistiksystems ist, dass organisierte Arbeitsabläufe stets effizienter als nicht organisierte Arbeitsabläufe sind, wonach die einzelnen Arbeitsabläufe einer logischen Ordnung unterliegen müssen, um das Ziel der maximalen Effizienz erreichen zu können. In der Literatur herrscht allerdings Uneinigkeit, wie ein solches Logistiksystem grundlegend definiert werden kann, da einerseits schlanke Strukturen und andererseits investitionsintensive Lager- und Distributionssysteme oder auch High-Tech-Fabriken unter diesem Begriff verstanden werden. Jedoch sind die Herausforderungen an solche Systeme eindeutig. Logistiksysteme müssen so flexibel konzipiert sein, dass sie den Herausforderungen, die sich aus dem schnellen Wandel des Umfelds ergeben, gerecht werden können. Ferner bedeutet dies, dass sie sich nicht reaktiv dem Wandel anpassen dürfen, da die entsprechend benötigte Reaktionszeit die geforderte Flexibilität entscheidend negativ beeinflussen würde, sondern dass sie aktiv neue Strukturkonzepte entwickeln müssen, um der Konkurrenz einen Schritt voraus zu bleiben, was schließlich die benötigten Wettbewerbsvorteile schafft. /Vision1996, S.1ff./

Laut *Dangelmaier* von der Universität Paderborn[3] wird die Organisation der Logistik in Produktionsnetzen durch die Organisation des Produktionsnetzes selbst bestimmt, die durch

> sämtliche individuelle Unternehmensstrategien,
> zur Verfügung stehenden Ressourcen,
> Umweltbedingungen,
> die jeweilige Branche sowie
> Wettbewerbs- und Technologiefortschritt

beeinflusst wird. Um die logistikspezifischen Problemstellungen in Produktionsnetzen zu beschreiben und deren einzelne Organisationsformen zu charakterisieren, werden verschiedene Typologien dieser Vernetzungen definiert, damit letztlich auch die Vielfalt der Erscheinungsformen möglicher Produktionsnetzwerke gesichtet, geordnet und systematisiert werden können. Eine solche Typenbildung erlaubt eine ganzheitliche Betrachtungsweise der einzelnen Typologien und ermöglicht plausible Grundüberlegungen zur Gestaltung der jeweiligen Logistikorganisation. Durch die Typologisierung kristallisieren sich letztendlich drei wesentliche Formen von Produktionsnetzwerken heraus: /Vision1996, S.15 ff./

> Strategische Netzwerke
> Virtuelle Unternehmen
> Regionale Netzwerke

Diese drei Unternehmensnetzwerktypen werden im folgenden Abschnitt voneinander abgegrenzt.

2.1.2 Abgrenzung von Unternehmensnetzwerken

Unternehmensnetzwerke werden grundsätzlich in *strategische*, *regionale* und *virtuelle Netzwerke* unterschieden. Mögliche Organisationsformen **strategischer Netzwerke** sind strategische Allianzen, Bündnisse, Koalitionen bzw. Partnerschaften, Joint Ventures bzw.

---

[3] Vgl. /Vision1996/

8

Gemeinschaftsunternehmungen oder Wertschöpfungspartnerschaften, wobei die geografischen Ansiedlungen der kooperierenden Netzwerkpartner keine vorrangige Bedeutung findet /Sydow 2005, S.60ff./[4]. Als Beispiel sei hier die Automobilindustrie genannt, in der etwa VW als fokales Unternehmen die gesamte Wertschöpfungskette strategisch führt. Das fokale Unternehmen bindet die einzelnen Partner (Zulieferer) vertraglich eng an sich, um ihren relativ gut prognostizierbaren, im Normalfall stabilen Absatzmarkt konstant bedienen zu können. Die Zulieferer ihrerseits versuchen durch Geschäfte mit anderen (netzwerkfremden) Unternehmen ihre Wettbewerbsfähigkeit und Unabhängigkeit zu wahren /Vision1996, S.19/.

Unter einem **virtuellen Unternehmen** versteht man einen temporären Zusammenschluss verschiedener Unternehmen mit jeweils unterschiedlichen Kernkompetenzen, welche sich über die Vielzahl der Geschäftsmöglichkeiten in zeitlich begrenzten Partnerschaften definieren /Kuhn1995, S.139/. Wenn sich also kleine, spezialisierte Produktionseinheiten mit klar abgegrenzten Kernaufgaben fallweise zu Produktionsverbünden vernetzen, spricht man von virtuellen Unternehmen.

Im Gegensatz dazu setzt man eine räumliche Nähe bei **regionalen Netzwerken** der einzelnen Unternehmen untereinander voraus. Regionale Netzwerke sind hierbei geografische Konzentrationen miteinander verbundener Unternehmen, spezialisierten Zulieferern, Logistikdienstleistern und öffentlichen Institutionen (Handelskammern, Universitäten, Verbände, Banken), die generell im Wettbewerb zueinander stehen, innerhalb des Netzwerkes allerdings auch kooperieren, um möglichst große Synergieeffekte zu generieren und um sich dadurch im Wettbewerb stärker positionieren zu können. /Porter1998, S.197f./

---

[4] Grundsätzlich werden unter Unternehmensnetzwerken verschiedene Arten der Kooperation verstanden. Hülsmann stellt die in der Literatur aufgestellten Kooperationsdefinitionen tabellarisch gesammelt dar und verweist auf die jeweiligen Quellen /Vorhus1994, S.29f./, /Wohlge2002, S.14/, /Roteri1993, S.13/, /Rasche1970, S.15/, Tröndl1987, S.38/, Grochl1969, S.890/, Herbst2002, S.14/ und /Ruppre1994, S.18/. Aufbauend auf diesen verschiedenen Definitionen definiert er die interorganisationale Kooperation wie folgt: „Bei der interorganisationalen Kooperation handelt es sich um eine freiwillige interdependente Zusammenarbeit zwischen rechtlich selbstständig bleibenden Organisationen mit der Absicht spezifische Ziele zu erreichen." /Hülsma2008, S. 33-35 und S.40/

Da sich die Erstellung des logistischen Prozessmodells in dieser Studie auf regionale Netzwerke bezieht, werden diese nachfolgend detailliert betrachtet.

2.2 Regionale Netzwerke

Regionale Netzwerke bestehen aus mehreren KMU, die überwiegend mit den gleichen Problemen konfrontiert werden und deren Wettbewerbsfähigkeit mit Hilfe interorganisatorischer Logistiksysteme gesteigert wird. Durch synergetische Effekte wie bspw. dem wechselseitigen Ressourcenaustausch zwischen mehreren Netzwerkteilnehmern oder dem gemeinschaftlichen „Poolen" verschiedener Ressourcen (Finanzmittel, Know how, Rohstoffe, etc.) /Zahn2000, S.518ff./, auf die die einzelnen Betriebe jederzeit zugreifen können, werden gemeinsam bestehende Herausforderungen bei branchengleichen oder –ähnlichen KMU bewältigt. Durch Kooperationen mehrerer KMU und der damit einhergehenden Erbringung individueller spezieller Teilleistungen, die letztendlich zum gemeinschaftlichen Kooperationserfolg führen, gelangen regionale Netzwerke zu internationaler Wettbewerbsfähigkeit, was vor allem durch die erhöhte Flexibilität und die optimierten Kapazitätsauslastungen erreicht wird. Darüber hinaus führen Kooperationen zwischen „gleichwertigen" KMU dazu, das Risiko möglicher Übernahmegefahren durch „überlegene" (finanzkräftigere) Großunternehmen zu senken und bieten sogar die Möglichkeit zur Gegenmachtbildung gegenüber Großunternehmen. /Evers1998, S.61/

Häufige Merkmalsausprägungen mittelständischer Unternehmen, wie die Unternehmensführung durch den Unternehmer selbst, flache Hierarchien und unbürokratische Entscheidungsabläufe, bieten gute Voraussetzungen für interorganisatorische Zusammenarbeit. Das Bestreben der Aufrechterhaltung individueller Unternehmensautonomien wirkt jedoch der unternehmensübergreifenden Zusammenarbeit entgegen. Folglich ist eine Vertrauensbildung zwischen den einzelnen Unternehmen unerlässlich, um grundsätzlich die Voraussetzungen für kooperative Interaktionen zu schaffen /Hülsma2008, S.117ff./[5]. Dies wird anfänglich nur durch personale Kontakte und später durch Erfahrungswerte von bereits durchgeführten Kooperationen erreicht. Die räumliche Nähe der Netzwerkpartner ermög-

---

[5] Vertrauen in Netzwerken wird in Kapitel 3.1.3 detailliert betrachtet.

licht hierbei den Aufbau interorganisatorischer sozialer Netzwerke und stellt ein entscheidendes Kriterium zur Vertrauensbildung dar. Es entstehen vielfältige, persönliche und informelle Beziehungen zwischen den einzelnen Führungskräften und führt u. a. zur Entstehung netzwerkweiter sozialer Normen, Werte und Einstellungen. Durch die Erarbeitung von Kooperationsgrundlagen, d.h. durch die Schaffung formaler Rahmenbedingungen für mögliche Kooperationsformen, wird die Kontaktpflege gesichert, was zu einem stetigen Vertrauenszuwachs führt. /Evers1998, S.61ff./

Die Autonomien der jeweiligen Netzwerkunternehmen werden grundsätzlich dadurch gewahrt, dass die einzelnen Unternehmen dezentral angesiedelt und polyzentrisch organisiert sind, wodurch jeder Netzwerkteilnehmer als autonomes Entscheidungszentrum zu betrachten ist. Folglich liegt keine hierarchische Struktur, wie sie bei strategischen Netzwerken vorzufinden ist, sondern eine heterarchische Organisationsstruktur vor /Evers1998, S.63/. Abbildung 2 veranschaulicht graphisch den Unterschied zwischen horizontalen (regionalen) und hierarchischen (strategischen) Netzwerken:

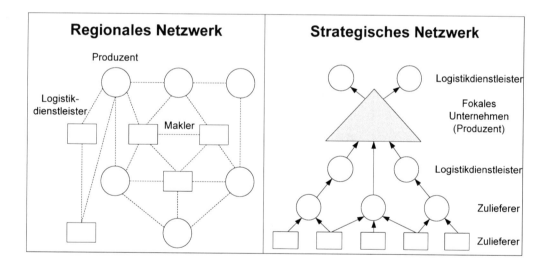

Abbildung 2: Regionale vs. Strategische Netzwerke (entnommen aus /Häusle2002, S.100/)

Da also kein übergeordnetes Koordinations- bzw. Entscheidungszentrum existiert, um Arbeitsabläufe zu überwachen und zu steuern, stellt sich die Frage, ob eine gemeinsame Zielsetzung überhaupt möglich ist. Jedes Unternehmen verfolgt seine individuellen Ziele (egoistische Strategien), wodurch konfliktionäre Interessen vorliegen, die eine gemeinsame Zielfindung erschweren oder gar ausschließen. In der Literatur gibt es verschiedene Sichtweisen zum Thema *Netzwerkmanagement*. Während Sydow davon ausgeht, dass sich regionale Netzwerke generell durch eine polyzentrische Organisation zur Entscheidungsfindung, verbunden mit einer fehlenden strategischen Führerschaft, auszeichnen, ist Kaluza der Meinung, dass ein effektives zentrales Netzwerkmanagement in regionalen Netzwerken dafür notwendig und möglich ist /Evers1998, S.107/. Es sind bereits sog. „kollektive Strategien" entwickelt worden, deren Konzepte allerdings weitere unbeantwortete Fragen aufwerfen. In der Literatur wurden bereits Gegenüberstellungen von Führung und Nichtführung durchgeführt. /Evers1998, S.214ff./[6]

In der wirtschaftswissenschaftlichen Literatur finden sich zahlreiche Beispiele für die Existenz und Verbreitung interorganisationaler Kooperationen. So ist hier von „einer Fülle von Berichten über Unternehmenskooperationen" die Rede /Vorhus1994, S.1/. Darüber hinaus ist eine Zunahme der Veröffentlichungen zu dieser Thematik festzustellen /Wohlge2002, S.2/.

2.3 Ziele von Netzwerken

Im Gegensatz zu ökonomischen Theorien sind die Zielsetzungen von industriellen Netzwerken nicht schlichtweg von gewinnmaximierendem Charakter, sondern vielmehr darauf ausgerichtet, Ressourcenabhängigkeiten und Umweltunsicherheiten zu reduzieren /Sydow 2005, S.192/, /Häusle2002, S.120/, sowie Kapazitätsengpässen durch Produktionsverlagerungen entgegen zu wirken. Qualitätsverbesserungen, Erhöhung der Flexibilität, Wettbewerbsvorteile durch Kostensenkung sowie Zeitvorteile sollen darüber hinaus durch die Realisierung von Synergiepotenzialen, den Zugang zu Technologien und zum Know-how[7]

---

[6] Michael Evers geht des Weiteren auch noch näher auf die Herausbildung einer strategischen Führung und die daraus resultierenden Mehrwerte ein. Er stellt Führung und Nichtführung gegenüber und stellt schließlich Ausgestaltungsmöglichkeiten der strategischen Führung vor. /Evers1998, S.214ff.
Vergleiche auch Kapitel 3.1.4 zur näheren Betrachtung von Koordinationsmöglichkeiten in regionalen Netzwerken

[7] Jessica Lohmann befasst sich mit der Fragestellung, ob und wie Wettbewerbsvorteile durch interorganisationales Wissen und Lernen erzielt werden kann /Hülsma2008 S.7/

anderer Netzwerkunternehmen und die Risikoreduktion durch die Aufteilung hoher Investitionen auf mehrere Netzwerkpartner erreicht werden /Häusle2002, S.101/.

Aus diesen Gründen schließen sich Unternehmen zu strategischen oder regionalen Netzwerken zusammen, deren Herausforderung es ist, die einzelnen Autonomien der jeweiligen Organisationen gegenüber anderen zu bewahren, diese allerdings gleichzeitig durch interorganisationale Zusammenarbeit wiederum preiszugeben, um die entsprechenden Zielsetzungen zu erreichen (vgl. Kapitel 3.1.2.). Vorrangiges Ziel dabei ist es, Vorteile im interregionalen Wettbewerb zu erzielen, neue Unternehmen in entsprechenden Regionen anzusiedeln, bestehende Standorte zu erhalten und sich zu national und international anerkannten Kompetenzzentren zu entwickeln /Teich2001, S.15/. Mit Hilfe temporärer und dynamischer Kooperationen werden regionale Produktionsnetzwerke sich ständig ändernden Kunden- und Produktanforderungen gerecht. Die Logistik umfasst dabei sämtliche dem Wertschöpfungsprozess angehörende Teilbereiche von der Fertigung über das Marketing und die Qualitätssicherung bis hin zu Servicefragen /Teich2001, S.336/.

Die folgende Abbildung gibt einen Überblick über die Ziele und Nutzenbeiträge von Netzwerken. Wertgenerierende Faktoren einzelner Unternehmen und die darauf einwirkenden Einflüsse aus der Teilnahme an einem Produktionsnetzwerk werden gegenübergestellt:

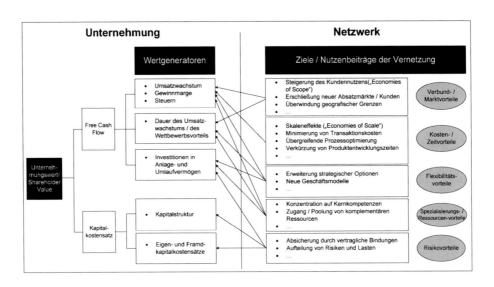

Abbildung 3: Wirkungszusammenhang zwischen Vernetzung und Wertsteigerung (entnommen aus /Roß2006, S.127/)

Wie Abbildung 3 zu entnehmen ist, gibt es verschiedene Möglichkeiten, auf welche Weise sich individuelle Unternehmensziele mit generellen Netzwerkzielen decken. Es können zwei verschiedene Unternehmen durchaus (auf unternehmensinterner Ebene) konträre Zielsetzungen verfolgen. Die eigenen Unternehmensziele decken sich für gewöhnlich nur zu einem geringen Teil mit denen des unternehmensübergreifenden Netzwerks, wodurch sich jedes einzelne Unternehmen lediglich mit einem Teil der Netzwerkziele identifizieren kann. Folglich liegt jeweils nur eine kleine Schnittmenge eigener (individueller) Unternehmensziele mit den Zielen des Netzwerks selbst vor. Voraussetzung für das erfolgreiche Zustandekommen eines Netzwerks ist jedoch nicht die Identität der jeweiligen Ziele einzelner Netzwerkteilnehmer, sondern vielmehr die partielle Bereitschaft aller Unternehmen, im Sinne von Komplementarität und Indifferenz die allgemeinen Netzwerkziele zu akzeptieren. /Altmey1997, S.74/

14

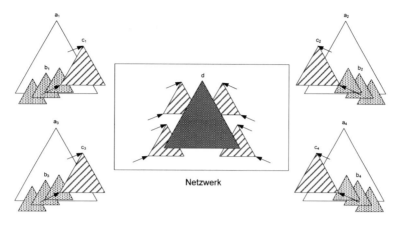

a_i   Globalziele des Netzwerkunternehmens i
b_i   Individualziele der Mitarbeiter des Netzwerkunternehmens i
c_i   Ziele der Unternehmens i für das Netzwerk
d   Netzwerkziele

Abbildung 4: Zielbildungsprozess in Unternehmensnetzwerken (entnommen aus /Stölzl2002, S.337/

2.4 Ausblick

Durch die allgemeine wirtschaftliche Entwicklung konzentrieren sich Großunternehmen immer mehr auf ihre Kernkompetenzen. Sie übertragen Geschäftsbereiche, deren Inhalte nichts mit ihrem eigentlichen Kerngeschäft zu tun haben, auf verschiedene Kleinstunternehmen, deren Kernkompetenzen genau diese Geschäftsbereiche umfassen. Somit entsteht eine zunehmende Notwendigkeit, mit der steigenden Komplexität und Dynamik des Marktes umzugehen, um auch bei diesen, sich verändernden Bedingungen, wettbewerbsfähig zu bleiben /Hülsma2005, S.5/. Kooperationen als Instrument zur Bewältigung der steigenden Anforderungen des Marktes an die Unternehmen werden in der wissenschaftlichen Literatur vielerorts als eine Möglichkeit beschrieben, Wettbewerbsvorteile aufzubauen sowie Wettbewerbsnachteile zu reduzieren /Ruprec1994, S.1/. Die Anzahl an Kleinst- und Kleinunternehmen steigt aufgrund dieser Entwicklung quantitativ stark an, die im Zuge partnerschaftlicher Kooperationen auch neue Technologien entwickeln und diese schließlich erfolgreich am Markt etablieren können. Sowohl hierarchische als auch hierarchielose Kompetenznetze von KMU werden in Zukunft in Form von temporären Netzwerken als die herausragende Organisationsform zur Entwicklung und Herstellung von Produkten im Produktions- und Dienstleistungsbereich angesehen. /Teich2001, S.2ff./

3 Erfolgsvoraussetzungen in regionalen Produktionsnetzwerken

Wie in Kapitel 2.2 beschrieben, stellen regionale hierarchielose Netzwerke Kompetenznetze oder auch Wissensnetze dar, die die zur Herstellung bestimmter Produkte notwendigen Kompetenzen und Ressourcen bereitstellen. Sie können dabei die ganzheitliche Produktionsabwicklung vom Rohstoff bis zum Endprodukt umfassen und bewerkstelligen dies, indem verschiedene, unabhängige und kompetente KMU an den einzelnen Schritten der gesamten Wertschöpfung kooperierend teilnehmen.

In diesem Kapitel werden verschiedene Erfolgsvoraussetzungen für eine erfolgreiche Etablierung solcher regionaler Produktionsnetze vorgestellt. In diesem Buch stehen dabei die Kriterien Schnittstellengestaltung und vernetzungsfähige Produktionsstätten im Vordergrund, da diese später für die Darstellung der logistischen Hauptprozesse (Kapitel 4.3.2) von großer Bedeutung sind. Elementare Grundvoraussetzungen für Kooperationsnetzwerke, wie die Wahrung der individuellen Autonomien der einzelnen Unternehmen, sowie das notwendige netzwerkweite Vertrauen und die Netzwerkkoordination werden näher betrachtet. Weiterhin werden logistische Herausforderungen an das Netzwerk und schließlich interorganisationstheoretische Ansätze diskutiert.

3.1 Generelle Voraussetzungen in regionalen Produktionsnetzwerken

Zur erfolgreichen Etablierung regionaler Produktionsnetzwerke sind verschiedene grundsätzliche Voraussetzungen an alle teilnehmenden Unternehmen und das Netzwerk als Ganzes zu stellen. Diese Erfolgsvoraussetzungen werden in diesem Abschnitt einzeln betrachtet und kurz erläutert.

3.1.1 Generelle Vernetzungsfähigkeit einzelner KMU

Um sich in einem Netzwerk mit beliebig vielen Netzwerkpartnern erfolgreich vernetzen zu können, müssen gewisse Grundvoraussetzungen geschaffen werden. Hierfür müssen die entsprechenden Unternehmen, die es miteinander zu vernetzen gilt, über Verknüpfungsfähigkeiten verfügen. Tobias Teich unterscheidet zwischen partnerschaftlichen und flusssystemorientierten Schnittstellen, an Hand derer die einzelnen Unternehmen untereinander (rechnerunterstützt) feststellen können, mit welchem Netzwerkteilnehmer welches Produktionsprogramm im Zuge individueller Kooperationen zumindest theoretisch erreicht werden kann. Es wird überprüft, ob die inneren und äußeren Beschreibungsmerkmale der einzelnen Unternehmen zu einer möglichen temporären Kooperation zwischen diesen Partnern führen kann. Dies wird in Abbildung 5 anschaulich dargestellt /Teich2001, S.10/.

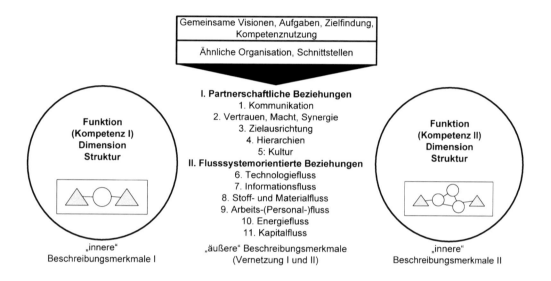

Abbildung 5: Modell zweier Netzwerkunternehmen mit inneren und äußeren Beschreibungsmerkmalen (entnommen aus /Teich2001, S.10/)

3.1.2 Autonomie

Jedes Unternehmen, das an einem Unternehmensnetzwerk teilnehmen will, tut dies aus eigenem Interesse und bestimmt ebenfalls die Beendigung der Teilnahme am Netzwerk selbst. Die einzelnen Netzwerkunternehmen verfügen also grundsätzlich über Autonomie. Nachdem allerdings Kooperationen eingegangen wurden und diese auch vertraglich festgehalten sind, wird der Handlungs- und Entscheidungsspielraum entsprechend eingeschränkt. /Häusle2002, S.98/

Ein entscheidender Erfolgsfaktor für erfolgreiche Unternehmenskooperationen ist hierbei die Machtbalance zwischen den einzelnen Unternehmen im Netzwerk[8]. Der Ressource-Dependence-Ansatz liefert eine mögliche Erklärung für diese Problematik in interorganisationalen Netzwerken. Auch das Change Management kommt als Lösungsansatz in Betracht. /Hülsma2008, S.5f./[9]

3.1.3 Vertrauen

„Vertrauen ist die freiwillige Erbringung einer Vorleistung zur Steigerung der Unsicherheitstoleranz in Beziehungen in der Erwartung eines nicht opportunistischen Verhaltens eines Anderen."/Hülsma2008, S.121/

Vertrauen ist ein zentraler Erfolgsfaktor, wenn es um eine erfolgreiche Etablierung von regionalen Produktionsnetzwerken geht[10]. Als Alternative zu einem hierarchischen Unternehmensnetzwerk bzw. zu einer übergeordneten Kontrollstruktur kommt nur das Vertrauensprinzip zur Erreichung einer hierarchielosen Netzwerkgestaltung in Frage. Durch das Vertrauensprinzip sehen sich die Unternehmen allerdings nicht zu Unrecht einem Dilemma gegenüber, das zwangsläufig entstehen muss. So kann ein offener Datenaustausch zwischen sich unbekannten Unternehmen unter anderem dazu führen, dass einzelne Parteien versucht sein könnten, den jeweils anderen Netzwerkteilnehmer auszuspionieren, ohne selbst Informationen preiszugeben. Im Zuge vertrauensbildender Maßnahmen wurde von Helm et al. ein Vier-Phasen-Modell aufgestellt, das im Einzelnen die Konzeptions-, Planungs-, Durchführungs- und Kontrollphase beinhaltet. Grundlage für eine erfolgreiche Umsetzung der Vertrauensbildung ist die Überzeugung aller an dem Netzwerk beteiligten Unternehmen, dass eine offene Zusammenarbeit untereinander als eindeutiger Vorteil anerkannt wird. Ist dies geschehen, werden in der Planungsphase die einzelnen Kooperationsziele festgelegt, wozu auch eine erste schrittweise Offenbarung sensibler Daten (finanzielle Lage, interne Kostenstruktur, Beziehungen zu anderen Wirtschaftssubjekten, etc.) der einzelnen Netzwerkteilnehmer gehört. Auf diesem Weg wird festgestellt, ob eine

---

[8] „Machtbalance als Erfolgsdeterminante interorganisationaler Kooperationen" /Hülsma2008, S.115ff./
[9] „Ressource-Dependence-Ansatz als Erklärungsmodell für Kooperationen und Macht /Hülsma2008, S.81ff./
„Change Management als Lösungsansatz zur Herstellung einer Machtbalance" /Hülsma2008, S.122ff./
[10] Vergleiche auch mit „Vertrauen als Basis interorganisationaler Zusammenarbeit" /Zahn2000, S.511ff./

Kooperation auf Vertrauensbasis möglich ist und ob Potenzial zur Vertiefung des gegenseitigen Vertrauens als notwendige Voraussetzung nachhaltiger Zusammenarbeit besteht[11]. Die Durchführungsphase beinhaltet die individuelle Konzentration auf die eigenen Kernkompetenzen zur erfolgreichen Zusammenarbeit aller am Netzwerk beteiligten Unternehmen. Sämtliche Soll-Ist-Abweichungen werden schließlich in der Kontrollphase aufgedeckt, um schnelle Reaktionsmöglichkeiten bei auftretenden Problemen zu gewährleisten. /Teich2001, S.337-339/

Kommunikation ist ein weiteres elementares, vertrauensbildendes Instrumentarium, um langfristige Kooperationsmöglichkeiten mit anderen Unternehmen zu ermöglichen. Bereits unternehmensinterne Kommunikationswege gelten des Öfteren als problematisch, da selbst im eigenen Unternehmen gleiche Begriffe subjektiv unterschiedliche Bedeutungen haben können /Hosenf1993, S.117/. Dies führt nicht nur unternehmensintern, sondern vor allem auch unternehmensübergreifend zu zahlreichen Problemen in verschiedenen Bereichen der Auftragsabwicklung. Entsprechend muss die Wahl der Kommunikationssysteme sorgfältig bedacht sowie die stetige Pflege dieser Systeme gewährleistet sein[12]. Die regelmäßige Kontaktpflege zu den Kooperationspartnern darf nicht ausschließlich im Zusammenhang mit aktuellen Kooperationen stehen, sondern muss vielmehr über die einzelnen Kooperationen hinaus gehen, um langfristige Vertrauensbasen herstellen und pflegen zu können. Dies kann vor allem bei kurzfristig auftretenden Produktionsengpässen oder anderweitigen Produktionsproblemen der einzelnen Unternehmen zu reaktionsschnellen Produktionskooperationen führen, da das hierfür zwingend notwendige Vertrauen (bzw. die dafür notwendige Reputation des jeweiligen Unternehmens) zu anderen Unternehmen bereits in ausreichendem Umfang besteht. Regelmäßige persönliche Kontaktpflege ist hierbei unerlässlich, da sonst bereits nach wenigen Monaten Kommunikationsprobleme

---

[11] Der Vertrauensbildungsprozess ist hierbei nicht als temporäre Notwendigkeit zu verstehen, sondern vielmehr als langfristige Unternehmensphilosophie. Es sollte den einzelnen Unternehmen ein großes Anliegen sein, branchenweit nachhaltiges Vertrauen zu generieren, um die eigene Reputation zu fördern. Somit können zukünftige Produktionskooperationen (in Folge guter Reputationen beider Partner) einfacher und schneller geschlossen werden. /Liebe2004, S.38ff./

[12] Teich beschreibt die Anforderungen an entsprechende Kommunikationsinfrastrukturen in regionalen Produktionsnetzwerken und geht dabei auf die Auswahl der entsprechende Kommunikationsmiddleware ein. Synchrone und asynchrone Kommunikation sowie das Messaging sind weitere Themengebiete auf die er detailliert eingeht /Teich2001, S.301 ff./.

entstehen können /Howald2001, S.107ff./. Dies hätte zur Folge, dass kurzfristige Kooperationen zwischen den betroffenen Unternehmen nicht mehr zustande kommen, da das hierfür nötige gegenseitige Vertrauen nicht mehr in ausreichendem Umfang besteht. Vertrauen fördert prinzipiell die Kommunikations- und Austauschprozesse zwischen den Unternehmen /Matthe2006, S.27/. Nach Schumpeter führt der daraus resultierende verbesserte Informationsaustausch schließlich sogar zu einer Erhöhung der technologischen Innovationen innerhalb der Netzwerke /Tsai1998, S.468/.[13]

Um letzten Endes das Ziel der vertrauensbasierten Zusammenarbeit zu erreichen, ist es allerdings wichtig, im Falle des Vertrauensmissbrauchs Sanktionsmaßnahmen (bspw. den Ausschluss aus dem Netzwerk) verhängen zu können. Unter Vertrauen ist letztendlich nicht primär der Aufbau von persönlichen Beziehungen zu verstehen, sondern die Verlässlichkeit, dass eigene Vorleistungen durch die Netzwerkpartner nicht ausgenutzt werden /Howald2001, S.107/. Reziprozität muss erreicht werden. Unter Reziprozität versteht man, dass auf erbrachten Leistungen stets sofortige oder spätere Gegenleistungen folgen müssen /Stölzl2002, S.332/. Es ist also ein Vertrauensvorschuss eines Akteurs als risikobehaftete Vorleistung erforderlich, was mit Hilfe der Reziprozität schließlich das zur erfolgreichen Kooperation notwenige nachhaltige Vertrauen schafft /Häusle2002, S.99/.

3.1.4 Netzwerkkoordination

Die Koordination verschiedener Leistungsbeiträge einzelner Netzwerkpartner in regionalen Produktionsnetzwerken ist ein entscheidender Faktor zur Erreichung gemeinsamer übergeordneter Zielsetzungen des gesamten Netzwerks. *Häusler* vergleicht die Koordinationsbedarfe in regionalen Netzwerken mit den jeweiligen unternehmensinternen. Wesentliche Einflussgrößen auf den Koordinationsbedarf sind hierbei das Ausmaß an Differenzierung, die mangelnde Komplementarität von Ressourcen der jeweiligen Netzwerkteilnehmer, die Intensität der Interdependenzen zwischen den Unternehmen, die Vielzahl der zu koordinierenden Produktionseinheiten und die Komplexität der Interaktionen zwischen den einzel-

---

[13] Einen detaillierten Überblick über die Auswahl entsprechender Informations- und Kommunikationstechnologien zur Unterstützung des Produktions- und Logistikmanagements in Unternehmensnetzwerken gibt /Kaluza2000, S.347-451/.

nen Unternehmen. Es existieren vielfältige Koordinationsaufgaben, die sich an den Koordinationsobjekten Netzwerkknoten, Personen, EDV-Systeme, Produkte und Pläne orientieren. Die Zuordnung von Leistungsumfängen zu den verschiedenen Netzwerkteilnehmern, die Zuteilung von Aufträgen und Ressourcen, die Priorisierung von Aufträgen unter Berücksichtigung von Kapazitätsengpässen (und daraus möglicherweise hervorgehende zusätzliche Produktionskooperationen bzw. –verlagerungen) und die Einigung auf netzwerkweite Informations- und Kommunikationsstrukturen umfassen hierbei nennenswerte Aufgaben /Häusle2002, S.107 ff./.[14]

Einen netzwerkweiten (gemeinsamen) Kompetenz- und Ressourcenpool gilt es zu koordinieren, um den Mehrwert der Synergien im Einkauf und die Qualitätssteigerung durch die Nutzung vorhandener Kernkompetenzen zu erzielen und die Konkurrenzfähigkeit des Netzwerks zu steigern /Mack2002, S.70ff./[15]. Netzwerkweites Controlling zur Überwachung ganzheitlicher interorganisatorischer Prozesse stellt hierbei ein effektives Werkzeug dar, das die komplexen Abläufe regionaler Kooperationsverbünde zielgerichtet und erfolgreich umsetzt /Teich2001, S.335 ff./[16].

---

[14] Reiß stellt darüber hinaus Koordinatoren in Unternehmensnetzwerken dar. Am Beispiel virtueller Unternehmen stellt er integrative Infrastrukturen vor und geht auf entsprechende Integrationsinstrumentarien ein. /Reiß2000, S.217-249/

[15] Der Tausch und die Zusammenlegung von Ressourcen innerhalb der Unternehmenskooperationen werden auch von Kaufmann diskutiert. Aufbauend auf gemeinsamen Zielen und Zwischenzielen gehen Unternehmen ein dauerhaftes Verhältnis miteinander ein, in dem Unternehmensressourcen getauscht oder zusammengelegt werden. Die innerhalb der Kooperation gebundenen Ressourcen können darüberhinaus partnerspezifisch sein, d. h. ihr Wert kann vom Bestand der Kooperation abhängen. /Kaufma1992, S. 25f./ Außerdem können solche Ressourcen zu spezifischer Ressourcennutzung führen, wenn diese Ressourcen zu einer bestimmten Aufgabenerfüllung eingesetzt werden und kaum oder gar nicht für andere Verwendungszwecke eingesetzt werden können. Dies führt zu entsprechenden Abhängigkeiten zwischen den betroffenen Kooperationspartnern und bedarf einer langfristig angelegten vertraglichen Partnerschaft. /Grote1990, S. 58ff./ Die Zusammenarbeit mehrerer Einkaufsabteilungen sowie die Zusammenarbeit mit verschiedenen Lieferanten in Einkaufskooperationen werden von Boutellier und Zagler detailliert dargestellt. Schwierigkeiten bei der Umsetzung werden plakativ dargestellt und diskutiert. /Boutel2000, S.89-119/

[16] Teich gibt einen Überblick über das Controlling in Verbindung mit dem Transaktionskostenansatz. Er beschreibt die grundsätzlichen Überlegungen zu einer neutralen Controlling-Instanz in hierarchielosen Produktionsnetzwerken und stellt entsprechende Controlling-Konzepte und Netzwerkmodelle vor. Er geht hierbei auf entsprechende Anforderungen gegenüber den neutralen Controlling-Instanzen ein und gibt einen Überblick über die jeweiligen Aufgaben dieser Instanzen. /Teich2001, S.335-363/ Auch Hohberger verknüpft das Controlling mit der Transaktionskostentheorie und stellt verschiedene Controlling-Konzepte vor. Weiterhin referiert er über weitere Controlling-Instrumente, die zur Erfüllung verschiedenster Aufga-

In der Literatur werden verschiedene Definitionen und Ansatzpunkte für Koordination verwendet und sind in folgender Tabelle übersichtlich dargestellt:

Tabelle 1: Definitionen der Koordination (entnommen aus /Gebaue1996, S.19f./ mit geringfügigen Veränderungen)

Kontext	Definition
Betriebswirtschaftliche Organisationstheorie (deutschsprachiger Raum)	Die Koordination ist das konzentrierende Ordnungsprinzip der Organisation und damit das verbindende Gestaltungsmittel der integrativen Strukturierung von Unternehmungen (Formen: Gleich-, Über-, Unterordnung) /Kosiol1962, S.76/
Organisationstheorie (USA), technologieorientierter Ansatz	"In a situation of interdependence, concerted action comes about through coordination." /Thomp1967, S.55/
Organisationstheorie (USA), verhaltenswissenschaftlicher Ansatz	Koordination bedeutet "relating the activities of one individual or unit to those of others." Unterscheidet "procedural" (wie?) von "substantive coordination" (was?) /Simon1976, 139f./
Organisationstheorie (USA), strukturorientierter Ansatz	"the extend to which organizations attempt to ensure that their activities take into account those of other organizations." /Hall1977, S.459/
Organisationstheorie, ablauforientierter Ansatz	Management der Zusammenarbeit interdependenter Stellen, Aufgaben, Prozesse usw., die im Zuge von Arbeitsteilung und Aufgabenverteilung geschaffen wurden. /Gaitan1983, S. 159ff./
Organisationstheorie, entscheidungsorientierter Ansatz	Abstimmung zwischen eigenständigen Organisationen im Falle gegenseitiger Abhängigkeit (Gegenstück: Anweisung in Hierarchie). /Pfeffer1978, S. 143ff./
Organisationslehre, Effizienzorientierung	Gegenseitige Abstimmung von dezentral agierenden Organisationseinheiten (i.d.R.derselben Ebene), v.a. um Konsistenz zu gewährleisten; Gegenstück Kontrolle. /Nadler1988, S.111/
Organisationslehre, Fokus auf Organisationsgestaltung	Im weiteren Sinne: "The act of working together harmoniously", im engeren Sinne: "The act of managing interdependencies between activities performed to achieve a goal." /Malone1990, S. 358ff./
Organisationslehre, situativer Ansatz	Abstimmung verschiedener Entscheidungen und damit verbundener Tätigkeiten in Bezug auf ein (gemeinsames) Ziel. /Laux1993,Sp. 2308/
Organisationslehre, entscheidungsorientierter Ansatz, Basis Systemtheorie	Koordination stimmt Teilaufgaben bzw. deren Träger aufeinander ab und fasst die durch die einzelnen Aufgabenträger vollzogenen Teilleistungen zur Gesamtleistung (des Organisationssystems) zusammen. Gegenstück: Differenzierung (Aufgabenzerlegung). /Hill1994, S. 28/
Strategische Managementlehre	"Every organized human activity - from the making of pottery to the placing of a man on the moon - gives rise to two fundamental and opposing requirements: the division of labor into various tasks to be performed and the coordination of those tasks to accomplish the activity. /Mintz 1995, S. 146/
Koordinationstheorie	Ergebnis einer Koordination: Ordnung /Streit1991, S.24/
Beziehungen zwischen Organisationen	Regelung und Stabilisierung der Beziehungen zwischen einer Organisation und ihrer relevanten Umwelt. /Graba1981, S.203/
Wirtschaftspolitik, ordnungspolitischer Ansatz	Ausrichtung der Leistungen der einzelnen Organisationsmitglieder auf die Organisationsziele (Folge der Arbeitsteilung). /Kieser1992, S.95/

ben innerhalb der Unternehmensnetzwerke dienen. /Hohber2000, S.9-52/, /Wannew2006, S.381-402/

Aufgrund der großen Komplexität der vielen Tätigkeitsbereiche in Kooperationen werden in Abbildung 6 grundsätzliche Koordinationsbereiche in Netzwerken anschaulich dargestellt:

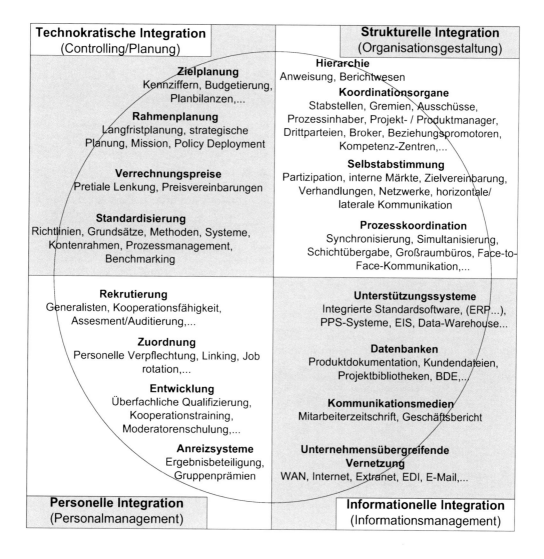

Abbildung 6: Eignung des Spektrums an Integrationsmöglichkeiten für Unternehmensnetzwerke (entnommen aus /Häusle2002, S.108/)

Die Vielfalt der Koordinationsbereiche in Unternehmensnetzwerken und die daraus resultierenden Auswirkungen auf das gesamte Netzwerk bedarf eines interorganisatorisch umfassenden Managements. Die Autonomie der jeweiligen Unternehmen gilt es hierbei zu berücksichtigen, was eine große Herausforderung in den verschiedenen Managementansätzen in der Literatur darstellt (vergleiche 3.1.2). /Hülsma2008, S.1-10/[17]

3.1.5 Vernetzungsfähige Produktionsstätten

Eine zentrale Herausforderung in regionalen Produktionsnetzwerken stellt die Vernetzungsfähigkeit von Produktionsstätten dar /Wildem2000, S.595/. Neben der Anpassungsfähigkeit logistischer Prozesse und Systeme (vgl. Kap. 3.1.6) sind die strukturellen Adaptions- und Wandlungsfähigkeiten der Produktionsstätten von entscheidender Bedeutung. Hierbei wird insbesondere zwischen der inneren und der äußeren Vernetzungsfähigkeit differenziert. Während die äußere Vernetzungsfähigkeit die technische Adaption logistischer Flüsse zwischen den jeweiligen Produktionsstätten umfasst, beinhaltet die innere Vernetzungsfähigkeit die Eignung der Produktionsstätte, eigene Strukturen reaktionsschnell an äußere Kunden- oder Netzwerkanforderungen anzupassen. Produktionsgebäude müssen somit modular erweiterbar bzw. rückbaufähig konzipiert werden, um den ständig wechselnden Produktionsprozessen innerhalb der Produktionsnetzwerke gerecht werden zu können (innere Vernetzungsfähigkeit). Hierbei gilt es bauliche Statik und prozessorientierte Dynamik zu verbinden, damit Produktionsgebäude auch noch nach mehreren Betriebsjahren aktuellen Gebrauchsanforderungen entsprechen. Mobile Produktionsstätten müssen hingegen jederzeit an bereits vorhandene örtliche Bedingungen und Infrastrukturen angepasst und integriert werden können (äußere Vernetzungsfähigkeit). Sie dürfen dem Wandel und den immer schneller frequentierten Veränderungen nicht im Wege stehen, sondern müssen diese vielmehr unterstützen und fördern. Dies wird die Produktivität und die Wettbewerbsfähigkeit eines Unternehmens nachhaltig beeinflussen. Entscheidende Ansprüche wie die Wirtschaftlichkeit, die Funktionalität oder die optimale Flussgestaltung werden zukünftig maßgeblich durch die Adaptions- und Wandlungsfähigkeit ergänzt. /Teich2001, S.287-289/

---

[17] In der Literatur gibt es bereits zahlreiche Managementansätze für Netzwerke. Für eine nähere Betrachtung vergleiche /Wittig2005/, /Becker2008/, /Sydow2006/, /Schuh2005/, /Zundel1999/

3.1.5.1 Allgemeine Probleme heutiger Produktionsstätten

Bereits heute sind starre Anlagen, Ausrüstungen und Baustrukturen als problematisch hinsichtlich der Wandlungsfähigkeit zu betrachten. Es gibt aufgrund überholter bzw. veralteter Produktions- und Gebäudeinfrastrukturen jetzt schon unzählige ungenutzte und brachliegende Industriegebäude. Diese Entwicklung wird sich zukünftig nicht ändern, wenn nicht zeitnah auf diese Entwicklungen reagiert wird und flexible, reaktionsfähige Produktionsgebäude konzipiert werden. Grund für diese Problematik ist die zeitliche Diskrepanz zwischen den Produkt- bzw. Prozesslebenszyklen (wenige Monate) und den Amortisationszeiträumen für die jeweilige Produktionstechnik oder Fabrikgebäudelebensdauer (mehrere Jahre). Diesen zeitlichen Diskrepanzen gilt es entgegen zu wirken, da diese reaktionsschnelle und wirtschaftliche Wandlungs- und Gestaltungsprozesse verhindern. /Teich2001, S.293-295/

3.1.5.2 Gebrauchsanforderungen an vernetzungsfähige Produktionsgebäude

Wie bereits oben angesprochen, ist die Anpassungsfähigkeit des Produktionsgebäudes an geänderte Gebrauchsanforderungen der technologischen Prozesse von großer Bedeutung. Die entsprechende Flexibilität der einzelnen Produktionsstätten wird an der Geschwindigkeit und Wirksamkeit gemessen, mit der Wandlungs- und Gestaltungsprozesse in Produktionsgebäuden realisiert werden können. Es lässt sich zwischen derzeitigen und zukünftigen Gebrauchsanforderungen an das Produktionsgebäude zur Festlegung von Nutzungsarten, Gebäude- und Energiekonzepten, Baustrukturen sowie einsetzbaren Werkstoffen und Baumaterialien differenzieren, indem verschiedene Gestaltungsfelder betrachtet werden /Schenk2004, S.149/:

> ➢ Tragwerk
> ➢ Hülle
> ➢ Innenausbau
> ➢ Technische Gebäudeausrüstung

Hierbei umfasst das **Tragwerk** alle baulich notwendigen Maßnahmen in Form von vertikalen und horizontalen Traggliedern unter Berücksichtigung der Einhaltung von Stützabständen, Raum- und Deckenhöhen, Abhänge- und Verkehrslasten sowie erforderlichen Schwingungssteifigkeiten. Statische und dynamische Traglasten durch verschiedenartige Nutzlasten werden durch die Weiterleitung in tragfähige Bodenschichten aufgenommen. Die **Hülle** stellt hingegen die Abgrenzung des jeweiligen Produktionsgebäudes zur natürlichen Umwelt dar. Dies geschieht mit Hilfe von Wänden und Dächern (zur Tragwerkunterstützung), Fenstern (Beleuchtungs- und Belüftungsfunktion), Türen und Toren (als logistische Schnittstellen). Die Konzeptionierung des Gebäudes trägt hierbei zusätzlich zum äußeren Erscheinungsbild bei, was im Rahmen von Marketingbetrachtungen das Image des Unternehmens sowohl positiv als auch negativ beeinflussen kann. Unter **Innenausbau** wird die räumliche Flächenausnutzung der Produktionsstätte verstanden. Um einzelne Arbeitsabläufe mit deren unterschiedlichen Laufzeiten möglichst flexibel planen zu können, sollten optimaler weise einfach veränderbare Ausbausysteme und keine Massivkonstruktionen zur Ermöglichung flexibler Wandlungsfähigkeit verwendet werden. Zur **technischen Gebäudeausrüstung** gehören alle zur Geschäftserfüllung erforderlichen Aggregate und sämtliche installationsbedürftigen infrastrukturellen Einrichtungen, die für das entsprechende Produktionsprogramm benötigt werden. Differenziert wird zwischen der Haustechnik, mit

> ➢ Anlagen zur Wärmeerzeugung und –verteilung,
> ➢ Lüftungsanlagen,
> ➢ Sanitäranlagen,
> ➢ Kommunikationsanlagen,
> ➢ Brandschutzanlagen

und der Prozesstechnik mit

> ➢ Elektroanlagen für Maschinen- und Anlagentechnik (Stromversorgung),
> ➢ technischen Gasen (Erd-, Schutz-, Schweißgase),
> ➢ Druckluft,
> ➢ technischen Abwassersystemen (Aufbereitungs-/Neutralisationsanlagen)

sowie weiteren technischen Anlagen, die zur erfolgreichen Prozessdurchführung benötigt werden. /Teich2001, S.291-299/

Weitere Entwicklungstrends hinsichtlich der Konzeptionierung von Produktionsgebäuden stellt die Filterung baukörperprägender und –relevanter sowie mobilitätsbestimmender Parameter dar. *Schenk* betrachtet die Gebäudeplanung dabei aus den verschiedenen Blickwinkeln der Planungs-, Nutzer- und Immobiliensicht. /Schenk2004, S.154 ff./

3.1.5.3 Zusammenfassung und Ausblick

Flexibilisierung und Mobilisierung der Produktionsstätte und aller dazugehörigen Ressourcen sind die zukunftsweisenden Kriterien für die Entwicklung vernetzungsfähiger Produktionsstätten. Die Adaptions- und Wandlungsfähigkeit spielt eine entscheidende Rolle bei der direkten Vernetzung verschiedener Unternehmen. Neuartige Handlungs- und Umsetzungswerkzeuge müssen geschaffen werden, um den komplexen Ansätzen vernetzungsfähiger Produktionsstätten eine Machbarkeitspraxis folgen zu lassen. Wirtschaftlichkeit, Technik und Architektur müssen hierfür ganzheitlich betrachtet und in einen effizienten Gesamtzusammenhang gebracht werden.

3.1.6 Schnittstellengestaltung

Um eine Abteilungsübergreifende Kooperation und darüber hinaus interorganisatorische Kooperationen zu ermöglichen, müssen einzelne Schnittstellen zwischen den logistischen Bereichen optimiert werden. Die Logistik als Querschnittsfunktion, die alle Prozesse des Transports, der Lagerung, der Materialhandhabung und Verpackung umfasst (vgl. Kapitel 2.1.1), hat die Aufgabe die einzelnen logistischen Systeme in und zwischen Unternehmen mit Hilfe des Schnittstellenmanagements optimal zu vernetzen. Da komplexe logistische Systeme zwangsläufig mit Schnittstellenproblemen zu kämpfen haben, ist eine explizite Thematisierung dieser Problematik notwendig. Wichtige Schnittstellen müssen hierbei sowohl konstruiert, als auch beseitigt werden (wenn diese nicht zielführend sind). Vor allem den Benutzerschnittstellen (zwischen Mensch und Maschine) kommt eine große Bedeutung zu, wonach die richtige Wahl von Endgeräten (Bediengeräten) eine wichtige Voraussetzung für die Akzeptanz bei den Bedienern und für eine geringe Fehlerquote ist /TenHom2008, S.186/. Innerhalb regionaler Produktionsnetzwerke gilt es die notwendigen Schnittstellen derart zu standardisieren, dass reibungsfreie und effiziente logistische Austauschprozesse ermöglicht werden. /Teich2001, S.272/

Die steigende Komplexität industrieller Erzeugnisse erschwert trotz innovativer informations- und kommunikationstechnischer Möglichkeiten eine vollständige Beherrschung logistischer Prozesse in der Leistungserstellung, weshalb ein Störungsmanagement von großer Bedeutung ist /Fischä2005, S.1/. Allerdings beschränkt sich das Störungsmanagement nicht ausschließlich auf die Problemfelder des Schnittstellen-managements, sondern überwacht weit komplexere logistische Problemfelder, auf die im Rahmen dieser Studie nicht näher eingegangen werden soll.[18]

3.1.6.1 Definition von Schnittstellen

„Logistische Schnittstellen sind Grenzen zwischen Logistiksystemen."
/Teich2001, S.272/

Unter Schnittstellen versteht man also die jeweiligen Systemgrenzen zwischen einzelnen logistischen Systemen oder Teilsystemen. In der Literatur sind synonym auch die Bezeichnungen Nahtstelle, Überschneidung (overlap) oder Brückenbau geläufig /Häusle2002, S.41/. Je komplexer die Austauschbeziehungen zwischen einzelnen Systemen sind, desto größer ist auch die Anzahl der zur Aufgabenerfüllung benötigten Schnittstellen. Unter Schnittstellen wird allgemein die Trennung von ganzheitlichen Prozessen in Teilverrichtungen verstanden. Um schließlich störungsfreie logistische Abläufe zwischen den einzelnen Systemen garantieren zu können, müssen diese Schnittstellen klar definiert, abgestimmt, formalisiert und standardisiert werden. /Teich2001, S.272 f./[19]

3.1.6.2 Schnittstellenmanagement

Effizientes Schnittstellenmanagement als systematische Steuerung der Zusammenarbeit funktionaler Bereiche kann insbesondere zwischen autonomen Netzwerkunternehmen eine

---

[18] Holm Fischäder befasst sich mit inner- und überbetrieblichen Produktionsprozessen und der damit verbundenen Planungs- und Steuerungskomplexität /Fischä2005/.
[19] Juliane Riechey befasst sich des Weiteren über das Schnittstellenmanagement hinaus mit der Darstellung des Grenzmanagements /Rieche2008, S.159-287/.

28

hierarchische Koordination ersetzen. Ziel des Schnittstellenmanagements ist die Über-
brückung von organisatorischen Schnittstellen, wie sie beispielhaft in Abbildung 7 dargestellt sind. Schnittstellenmanagement ist genau dann notwendig, wenn gleichgeordnete,
organisatorisch voneinander abgegrenzte Teilbereiche miteinander in Interaktionsbezie-
hungen stehen und keine gemeinsamen Vorgesetzten haben /Brockh1993, S.396-403/. Es
beruht also auf Beziehungen zwischen Aktivitäten oder Prozessen, die zu unterschiedlichen Teilbereichen eines Gesamtsystems gehören /Caspar2003, S.19/.

Datenstruktur		Uneinheitlichkeit
Information		Unvollständigkeit
Begriffsinhalt		Unterschiedlichkeit
Aufgabe		Über- / Unterdeckung
Kompetenz		Überschneidung
Verantwortung		Lücken

Abbildung 7: Schnittstellenprobleme (entnommen aus /Teich2001, S.273/)

Aufgrund der vorliegenden Schnittstellenprobleme, die zwischen allen interagierenden
Unternehmen bestehen, versucht das Schnittstellenmanagement die Kompatibilität der
einzelnen Systeme durch Standardisierungen der Schnittstellen zu erreichen. Hierbei werden ausschließlich die Schnittstellen selbst standardisiert, während die Prozesse an sich
ihren individuellen Charakter behalten /Teich2001, S.274./. Individuelle Prozessdefinitio-
nen und Schnittstellenrealisierungen sind dabei mit großem finanziellem Aufwand verbunden und erfordern große personelle Ressourcen /Luczak2004, S.219/.

Die für das Schnittstellenmanagement erforderlichen Schnittstellen werden von *Teich* in
Fluss-, Prozess- und organisatorische Schnittstellen unterteilt. Unter Fluss- bzw. Informati-
onsflussschnittstellen ist der Übergang von Informationen (Signale, Daten) von einem
Produktionsprozess zum Nächsten zu verstehen. Folgende flussbezogene Gestaltungsprin-

zipien sind für eine erfolgreiche Konzeptionierung der Schnittstellen zu beachten:

> Integration und Kopplung (z.B. Stoff- und Informationsfluss)
> Kompatibilität (abgestimmte, standardisierte, genormte, formalisierte, gleichartige Schnittstellen)
> Durchgängigkeit des Flusses, keine Medienbrüche
> Aufwandsarme Entkopplungsmöglichkeiten
> Robustheit
> Einfache, effektive und intelligente Gestaltung
> Hohe Änderungsflexibilität (Konfigurierbarkeit) /Teich2001, S.277 f./

Darüber hinaus werden verschiedene Anforderungen an die zu übermittelnden Daten gestellt, die Tabelle 2 zu entnehmen sind:

Tabelle 2: Allgemeine Anforderungen an Schnittstellen des Informationsflusses (entnommen aus /Teich2001, S.279/)

Anforderungen	Beschreibung
Korrektheit	Syntaktisch unverfälschte Informationen
Konsistenz	Forderung nach gleichen Interpretationen für gleiche Ausdrücke und Ausdrücke für gleiche Sachverhalte
Harmonie	Verträglichkeit der Zielsetzungen der miteinander verknüpften Systeme
Vollständigkeit	Übermittlung aller schnittstellenspezifischen Informationen
Reagibilität	Informationsübermittlung in einem Zeitintervall das Reaktionen zulässt
Güte	Qualität der Leistungserfüllung
Transparenz	Zugriffsmöglichkeit auf die Informationen
Sicherheit	vor Verlust oder Verfälschung
Flexibilität	Möglichkeit der Anpassung an informationstechnische Entwicklungen

Prozessschnittstellen beinhalten TUL-, sowie Transformations-, Speicherungs- und Bereitstellprozesse zwischen den einzelnen Produktionsstätten. Diese Schnittstellen sehen sich der primären Problemstellung der Kopplungsfähigkeit / Verträglichkeit bzw. der Entkoppelbarkeit von einzelnen Prozessschritten innerhalb des Fertigungsablaufs gegen-über. Die notwendigen logistischen Schritte, die zur Entkopplung von Zwischenprodukten, der darauf folgenden unternehmensexternen Weiterverarbeitung und der späteren Wiedereingliederung in die unternehmensinternen Prozesse benötigt werden, sind in Kapitel 4 dargestellt. Die Kopplungsfähigkeit bzw. die Verträglichkeit der Prozessschnittstellen ist hierbei die zentrale Voraussetzung für die Vernetzungsfähigkeit und Flexibilität der einzelnen Unternehmen. /Teich2001, S.279f./

Die organisatorischen Schnittstellen stellen schließlich die Schnittstellen dar, die zur Verteilung einzelner Prozessschritte einer komplexen Aufgabenstellung unter den Netzwerkteilnehmern verwendet werden. Sie sind also Überwachungsinstrumente für die auf die verschiedenen Kompetenzträger verteilten Produktionsschritte und lassen sich unterscheiden in aufbau- und ablauforganisatorische Schnittstellen. Ein aktives Schnittstellenmanagement und –controlling ist hierbei von entscheidender Bedeutung, da die Aktualität und Richtigkeit der Daten stets Voraussetzung für eine reibungslose und erfolgreiche Netzwerkproduktion bilden. /Teich2001, S.281/

Mögliche Instrumente des Schnittstellenmanagements zeigt Abbildung 8.

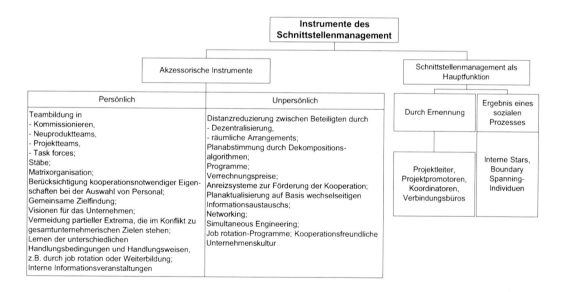

Abbildung 8: Instrumente des Schnittstellenmanagements (entnommen aus /Häusle2002, S.44/)

3.1.6.3 Gestaltungslösungen für verschiedene Schnittstellen

In Anlehnung an *Teich*[20] werden in der folgenden Abbildung verschiedene Anforderungen an die Schnittstellen

> ➢ Flusselementefluss,
> ➢ Stoff- bzw. Materialfluss-
> ➢ Energiefluss und
> ➢ Informationsfluss

und deren mögliche Gestaltungslösungen vorgestellt. Unter dem **Flusselementefluss** wird bspw. die Transportfähigkeit von Maschinen und Anlagen verstanden. Der **Stoff-** bzw. der **Materialfluss** bezieht sich auf den Fluss einzelner Güter während der **Energiefluss** auf die Zugänglichkeit zu Strom, Gas, Wasser, etc. an den einzelnen Produktionsstätten abzielt. Der **Informationsfluss** ist schließlich für die im ganzheitlichen Produktionsablauf notwendige Daten- und Informationsübertragung verantwortlich, wobei eine Standardisierung dieser Schnittstelle wenig Sinn hat, da der stetige Wandel der IuK-Technologien mit einer permanenten Anpassung aller Informationsschnittstellen verbunden wäre.

Weitere Anforderungen, die per Gesetz zu beachten sind, die die Gestaltung der Mensch-Maschine-Schnittstellen und den Arbeitsplatz betreffen sowie Anforderungen, die auf gegebene Randbedingungen zurückzuführen sind, sind zu bestimmen /Schlic2010, S.1113/.

---

[20] Vgl. /Teich2001, S.282ff./

Tabelle 3: Gestaltungslösungen für verschiedene Schnittstellen (entnommen aus /Teich2001, S.283f./)

Flusselementefluss	
Voraussetzungen / Anforderungen	**Gestaltungslösung**
Transportfähigkeit / Mobilität	fahrbare Maschinen auf Palettten
Zerlegbarkeit / Modularität	de- und remontagefähige Anlagen
Vorhandensein geeigneter Transportmittel in der Produktionsstätte	Portalkran oder Brückenkran
Anbindung der Produktionsstätte an regionale Produktionsinfrastruktur	Möglichkeit der Zu- und Abfahrt bzw. Wendemöglichkeit für Schwerlasttransporte, Schienenanbindung
flexible Gestaltung der Produktionsstätte	geeignete Abmaße der Wege, Durchgänge, Hallentore; tragfähige Flächen; "verschiebbare" Wände, "Raumzellen"

Stofffluss	
Voraussetzungen / Anforderungen	**Gestaltungslösung**
Identifizierbarkeit	Einsatz der Transpondertechnologie im Werkstückfluss
Übergabe Produktinformationen; Kostenverfolgung	aktive Transponder
standardisierte, modulare, funktionsintegrierende TUL-Mittel und TUL-Hilfsmittel	LKW mit Gabelstapler; Europaletten, Iso-Container, Wechselbrücken

Energiefluss	
Voraussetzungen / Anforderungen	**Gestaltungslösung**
standardisierte, trennende Adapter	modulare Ver- und Entsorgungsaggregate; an Maschinen adaptierbare Systeme
gestaffelte, abgestimmte Anschlusswerte	gleiche Spannungsebenen, Druckpegel
flexibel veränderbare Positionen der Anschluss- / Abgangsstellen der zu ver- und entsorgenden Medien	Zu- / Abfüllung von / nach oben; mehrere optionale Anschluss- / Abgangsstellen
automatische Kopplung zum Informationsfluss	Installation von Messeinrichtungen

Informationsfluss	
Voraussetzungen / Anforderungen	**Gestaltungslösung**
Festlegung von Datenaustauschstandards, gleichen Formaten	EDIFACT, TCP/IP- Protokoll, XML, OMG
Nutzung moderner IuK-Technologien	Internet-, Extranetzugang mit Homepage und Email-Adresse
Aufbau einer gemeinsamen Datenbank	regionale IuK- Plattform
Nutzung gleicher Software	Workflow-Systeme, Einsatz von SAP
intelligente Filter	Durchlass nur systemrelevanter Daten

3.1.6.4 Zusammenfassung und Ausblick

Eine mangelnde Qualität der Schnittstellen führt zu vielfältigen logistischen Problemen, beeinflusst die Effizienz des Logistiksystems maßgeblich und steht in engem Bezug zum Qualitätsmanagement in Produktionsnetzen. Als interdisziplinäre Querschnittsfunktion (vgl. Kapitel 2.1.1) in und zwischen verschiedenen Unternehmen obliegt es der Logistik selbst, eine netzwerkweite Abstimmung und Standardisierung der einzelnen Schnittstellen zu gewährleisten und diese stetig zu optimieren. Durch die Schnittstellenvielfalt müssen konzeptionelle und konkrete Gestaltungsansätze interdisziplinär erarbeitet werden, was netzwerkweit zu einem enormen logistischen Aufwand führt, den es zur erfolgreichen Netzwerkgestaltung zu bewältigen gilt. /Teich2001, S.285/

3.2 Logistische Herausforderungen in regionalen Produktionsnetzwerken

Das Netzwerklogistiksystem ist ein auf Produktionsnetzwerke zugeschnittenes Logistiksystem und umfasst die logistische Integration mehrerer logistikrelevanter Teilbereiche. Es wird auch als *interorganisatorisches Logistiksystem* oder *metalogistisches System* bezeichnet /Stölzl2002, S.333/, /Häusle2002, S.169/. Aus dem jeweiligen Sachziel eines Unternehmensnetzwerks entstehen mehrere zur Zielerreichung notwenige Teilaufgaben (vgl. Kapitel 3.1). Eine weitere Teilaufgabe beinhaltet die Netzwerklogistik, die sich als bedarfsgerechte Gütertransformation hinsichtlich Raum, Zeit, Menge, Sorte, Handhabungseigenschaften und logistischer Determiniertheit der Güter innerhalb des Unternehmensnetzwerks definieren lässt. /Häusle2002, S.162/

Studien zufolge nimmt die Logistik eine entscheidende Rolle bei der Bewältigung von Abstimmungsaufgaben in Unternehmensnetzwerken ein. Die Integration der Informations- und Warenflüsse, die Koordination gemeinsam genutzter Transportmittel, Läger und Logistikdienstleistungen, die Netzwerksteuerung und das Wissensmanagement sind wesentliche logistische Aufgaben zur Erreichung von Kooperationszielen. /Häusle2002, S.170/

Die Entwicklung und Umsetzung logistischer Strategien für das Netzwerk, die Auswahl netzwerkweit agierender Logistikdienstleister, die Aufteilung von Logistikaufgaben und entsprechender –ressourcen auf die Netzwerkunternehmen, die Festlegung von Koordinationsmechanismen, die Gestaltung des physischen Abwicklungssystems und des logistischen Informations- und Kommunikationssystems, sowie die fortlaufende Evaluierung des gesamten Logistiksystems tragen zur Gestaltung des interorganisatorischen Logistiksystems bzw. dem Aufbau und der Weiterentwicklung des Netzwerklogistiksystems bei. Um die reibungslose Funktionalität und den planmäßigen Vollzug der Leistungserstellung innerhalb des Netzwerklogistiksystems gewährleisten zu können, übernimmt dessen operative Planung, Steuerung und Überwachung die Lenkung der unternehmensübergreifenden logistischen Prozesse. Die Netzwerklogistik umfasst hierbei u. a. die Auftragszuweisung zu den einzelnen Netzwerkteilnehmern unter Berücksichtigung logistischer Kapazitäten sowie Termin- und Auslastungsgesichtspunkten, die Auftragsauslösung oder das Störungsmanagement. /Häusle2002, S.179f./

Die Erfüllung der Logistikaufgaben in regionalen Produktionsnetzwerken beeinflusst die Gestaltung der Variablen *Organisation*, *Mitarbeiter* und *Technik* wesentlich:

Organisation

Die jeweiligen Intraorganisationen der verschiedenen Netzwerkteilnehmer nehmen Einfluss auf die Netzwerklogistik, da diese in die interorganisatorischen Logistikabläufe integriert werden müssen. Dafür muss die Intralogistik als Rahmenbedingung für die Gestaltung des Netzwerklogistiksystems herangezogen werden, um ein möglichst kompatibles ganzheitliches System zu schaffen. Idealerweise sind hierbei Standardisierungen einzelner Schnittstellen für einen optimalen Übergang zwischen intra- und interorganisatorischem System anzustreben (vgl. Kap. 3.1.6.2).

Hierbei obliegt die bilaterale Logistikorganisation den einzelnen Unternehmen selbst, wobei zwischen den beiden betroffenen Kooperationspartnern nicht zwangsläufig direkt ersichtlich ist, welches Unternehmen für die Erstellung der Logistikleistung verantwortlich ist. Für die unternehmensübergreifenden logistischen Schnittstellen (vgl. Kap 3.1.6) ist also zunächst zu definieren, welches Unternehmen für die schnittstellenbegleitenden logistischen Aufgaben verantwortlich ist. Das jeweils betroffene Unternehmen kann frei entscheiden, ob es die Logistikleistung, je nach Leistungstiefe, selbst erbringen will oder ob die Aufgabe an einen Logistikdienstleister übertragen werden soll. Der Vorteil eines ganzheitlichen Netzwerklogistiksystems liegt darin, dass entsprechende Kompetenzen zur Logistikaufgabenerfüllung über einzelne Schnittstellen hinaus netzwerkweit auf entsprechende kompetente Unternehmen übertragen werden. Die Schaffung einer neutralen Planungs- und Logistikorganisation als Koordinationsstelle zur Vorbeugung von Konflikten und zur effizienteren Gestaltung sämtlicher Abläufe ist sinnvoll /Brown2009, S.51/.

Dieses System umfasst also nicht nur bilaterale logistische Beziehungen sondern vielmehr sämtliche Logistikaufgaben netzwerkweit. Indem bspw. Transportprozesse gebündelt, Läger gemeinsam genutzt, unternehmensübergreifende IuK-Systeme implementiert und die netzwerkweite Logistikplanung und –steuerung zusammengefasst werden, erzielen die beteiligten Unternehmen wertvolle Synergien. Die Einbindung eines spezialisierten Logistikdienstleisters erweist sich hierbei als vorteilhaft, kann allerdings auch durch Industrie- oder Handelsunternehmen, die mit entsprechenden Kompetenzen (logistischen Ressourcen) ausgerüstet sind, übernommen werden. Vor allem aus Sicht der Produktion ist ein wesentlicher Vorteil eines kooperativen, ganzheitlichen Netzwerklogistiksystems, dass durch Unternehmensgrenzen verursachte Unterbrechungen der Logistikprozesse überwunden werden können. Beispielsweise kann der eingesetzte Logistikdienstleister oder das mit der Beschaffung beauftragte Unternehmen z. B. über Direktanlieferungen von Zulieferteilen an den genauen Produktionsort liefern, ohne dass eine Unterbrechung des Transportprozesses durch den traditionellen Wareneingang nötig ist. Dadurch können Zwischenlagerungen und weitere im Wareneingang entstehende Tätigkeiten vermieden werden. In Folge einer solchen prozessorientierten Organisation werden die Eliminierung von Mehrfacharbeit, die Optimierung der Verrichtungs- und Sachmittelfolge, die Kapazitätsauslastung und die Senkung von Beständen und Durchlaufzeiten angestrebt. /Häusle2002, S.179-184/

Aufgrund der oben beschriebenen Handlungsmöglichkeiten, die sich aus einem ganzheitlichen Netzwerklogistiksystem ergeben, ist ein immenser Koordinationsaufwand notwendig, der eine wesentliche Managementaufgabe für die Netzwerklogistik darstellt. Die Koordinationsinstrumente (vgl. Kapitel 3.1.4) finden hier Anwendung, um die interorganisatorischen Güter- und Informationsflüsse und alle weiteren Logistikprozesse im Netzwerk unternehmensübergreifend zu optimieren. Entscheidende Faktoren für ein erfolgreiches Logistikmanagement sind neben der bereits beschriebenen Organisation das Personal und die Technik.

Personal

Die Logistikmitarbeiter müssen sowohl über eine entsprechende Leistungsfähigkeit als auch über eine entsprechende Leistungsbereitschaft verfügen, um den hohen unternehmensübergreifenden Managementanforderungen in regionalen Netzwerken gerecht zu werden. So sind einerseits Persönlichkeiten mit charakteristischen Merkmalen wie

> ➢ hohe soziale und kommunikative Fähigkeiten,
> ➢ sozialen und personellen Integrationsfähigkeiten,
> ➢ Verhandlungsgeschick,
> ➢ kognitiven Fähigkeiten,
> ➢ schnelle Auffassungsgabe und
> ➢ hohe analytische Fähigkeiten

gefragt, die zusätzlich über eine entsprechende Qualifikation verfügen /Aigner2008, S. 34 ff./. Zusätzlich müssen Motivation sowie die daraus resultierende persönliche Identifikation mit dem Aufgabenbereich gegeben sein, um mit Interessenskonflikten zwischen intra- und interorganisatorischen Unternehmenszielen umgehen zu können (vgl. Kap.2.3). Für die Steigerung der Leistungsfähigkeit und –bereitschaft sind etwa Aus-, Fort- und Weiterbildungen geeignete personalpolitische Maßnahmen. Die organisatorische und technische Gestaltung des Arbeitsumfeldes wirken sich ebenfalls positiv oder negativ[21] auf das Leistungsverhalten der Mitarbeiter aus. /Häusle2002, S.184-186/

Technik

Die Technik umfasst die Implementierung von IuK-Technologien zwischen den an dem

---

[21] Vgl. /Hirano2007/, /Skibia1974/, /Bullin1999/

Produktionsnetzwerk beteiligten Firmen. Sie sollen den Aufbau intensiver informatorischer Beziehungen zu einer großen Anzahl an (kooperierenden) Unternehmen ermöglichen und die unternehmensübergreifende Realisierung der integrierten Logistikkonzeption erleichtern. Grundsätzliche Aufgabe der Technik ist hierbei die Gestaltung der Informationsflüsse zur Optimierung von Schnittstellenproblematiken (vgl. Kap. 3.1.6.2). Während die Technik in der Logistik zwischen Material- und Informationsflusstechnologien unterschieden wird, wird sie in der Informatik in Hard- und Software untergliedert. Die Hardware umfasst hierbei Betriebsmittel zur Unterstützung von TUL-Prozessen, Kommissionierungstätigkeiten, Handhabung und Verpackung, sowie informationstechnische Produktionsfaktoren wie Rechner, Speicher, Benutzerschnittstellen oder Kommunikationsnetze /TenHom2008, S.157 ff./. Unter Software werden die Betriebssysteme, Datenbanksysteme, Programmiersprachen, Standard- und Individualsoftware zusammengefasst. Welche IuK-Technologien letztendlich zum Einsatz kommen, hängt jeweils u. a. von der Kooperationsdauer (Amortisationszeit der geleisteten Investitionen) und dem Vertrauen zum Kooperationspartner ab. /Häusle2002, S.186-191/

3.3 Interorganisationstheoretische Ansätze

Zur Vollständigkeit wird in diesem Abschnitt ein Überblick über theoretische Ansätze gegeben, mit Hilfe derer Netzwerke erfolgreich etabliert werden können. Es wird bei den einzelnen Theorien auf entsprechende Literatur verwiesen.

Dangelmaier definiert interorganisatorische Logistiksysteme wie folgt:

> *„Die Aufgabe der Organisation des Logistiksystems in Produktionsnetzwerken wird geprägt durch die grundlegenden Spannungsverhältnisse von Spezialisierung und Integration, Abhängigkeit und Autonomie, Vertrauen und Kontrolle sowie Kooperation und Wettbewerb, die stets die Organisation von Unternehmungsnetzwerken beeinflussen."* /Vision1996, S.21/

Als interorganisationstheoretische Ansätze zur Entstehung und Gestaltung von Unternehmensnetzwerken sind in der Literatur bspw.

- ➢ der Ressource-Dependence-Ansatz,
- ➢ die Entscheidungstheorie,
- ➢ die Agency-Theorie,
- ➢ austauschtheoretische Ansätze[22],
- ➢ organisationsökologische Ansätze,
- ➢ institutionalistische Ansätze,
- ➢ interaktionsorientierte Netzwerkansätze (IMP-Netzwerkansatz),
- ➢ sowie neuere Systemtheorien und Konsistenzansätze

bekannt /Sydow2005, S.191ff./, /Häusle2002, S.111-144/. Mit diesen Ansätzen können interorganisationale Beziehungen näher analysiert werden. In diesem Buch wird auf die Existenz solcher theoretischer Ansätze hingewiesen. Eine geschlossene Netzwerktheorie, die den komplexen Problemen und Phänomenen eines Unternehmensnetzwerkes gerecht werden könnte, existiert jedoch noch nicht. Die oben genannten Ansätze analysieren und erklären jeweils einzelne Aspekte der Evolution und Organisation von Unternehmensnetzwerken. /Häusle2002, S.119-145/

---

[22] Die Transaktionskostentheorie als ein austauschtheoretischer Ansatz wird auch in Kapitel 4.3.2 näher beschrieben.

4 Erarbeitung eines Regelkreismodells für unternehmensübergreifende Produktionsprozesse

Ziel dieses Kapitels ist es, ein generisches Regelkreismodell hinsichtlich der interorganisatorischen logistischen Abläufe zwischen zwei regional kooperierenden Produktionsunternehmen zu erarbeiten. Dieses wird aus theoretischen Überlegungen heraus aufgestellt und soll für verschiedene Prozessmodelle mit unterschiedlichen Fertigungsstrategien allgemein gültig sein. Hierbei werden zunächst die verschiedenen strategischen Ausprägungsmöglichkeiten der Auftragsabwicklung industrieller Produktionsunternehmen differenziert. Es wird eine Übersicht über Kooperationspotenziale erstellt, aus der hervorgeht, welche Auftragsabwicklungstypen miteinander für Produktionskooperationen eher geeignet sind und welche nicht. Im Anschluss werden die logistischen Hauptprozesse vorgestellt, die es im Falle einer bilateralen Kooperation zu durchlaufen gilt.

4.1 Klassifizierung von Produktionsunternehmen in vier Hauptgruppen

Um eine Klassifizierung von Produktionsunternehmen vornehmen zu können, wird sich in dieser Studie am Aachener Prozessmodell orientiert, welches alle Unternehmen in vier Hauptgruppen qualifiziert. Das Forschungsinstitut für Rationalisierung an der Rheinisch-Westfälischen Technischen Hochschule (RWTH) Aachen hat bereits Anfang 1998 dieses sog. „Aachener PPS-Modell" entwickelt, welches einen Betrachtungsansatz ganzheitlicher Produktionssysteme darstellt. Die Aufgabe dieses Modells liegt in der Beschreibung einzelner Teilbereiche des Produktionsplanungs- und Steuerungssystems (PPS) aus verschiedenen Blickwinkeln, die in den einzelnen Teilschritten der jeweiligen Prozesse eines Projektes benötigt werden. Ein wesentlicher Blickwinkel bezieht sich im Rahmen dieses Werkes auf die Prozessarchitektursicht des Aachener PPS-Modells, welche die Problematik aus dessen Aufgabenreferenzsicht aufgreift, die Schnittstellen zwischen den Aufgaben der Netzwerkebene und der Aufgaben der Unternehmensebene abzubilden.

Ziel des Aachener PPS-Modells ist es, bereits nach kurzer Zeit durch einfache Zuordnungen realer Gegebenheiten ein aussagefähiges und in sich stimmiges Prozessmodell für konkrete Produktionsunternehmen zu erhalten. /Schuh2006, S.12/

Um eine typenspezifische Ablauforganisation der Produktionsplanung und –steuerung der jeweils betrachteten Einzelunternehmungen darzustellen, wurden im Aachener PPS-Modell vier allgemeine Betriebs- bzw. Auftragsabwicklungstypen definiert:

> Auftragsfertiger
> Rahmenauftragsfertiger
> Variantenfertiger
> Lagerfertiger

Anhand dieser vier Auftragsabwicklungstypen lassen sich jegliche Produktionsunternehmen durch Erweiterung oder Detaillierung individueller Produktionseigenschaften zuordnen /Schuh2006, S.23ff./. Jede der oben genannten Auftragsabwicklungstypen stellt also eine Gruppe von Produktionsunternehmen dar, die sich in ihren Auftragsabwicklungsarten gleichen, wobei es weniger auf die technischen oder physikalischen Grundsätze ankommt, sondern vielmehr die Auftragsabwicklung an sich im Vordergrund steht /Schuh2006, S.135/.

In diesem Buch dienen diese vier Basistypen als Ausgangspunkt dafür, produktionsprogrammtechnische Kooperationspotenziale der verschiedenen Auftragsabwicklungstypen aufzuzeigen (Kapitel 4.2), die jeweiligen innerbetrieblichen logistischen Prozesse zu erfassen und diese schließlich in die interorganisatorischen logistischen Abläufe einzubinden.

4.1.1 Auftragsfertiger

Unter einem Auftragsfertiger versteht man jedes Produktionsunternehmen, dessen Leistungserstellungsprozess durch Bestellungen von Einzelaufträgen initiiert wird /Eversh2002, S.167. Die Erzeugnisse sind also rein kundenspezifischer Natur und in der Regel einmalig. Jeder Fertigungsauftrag ist also genau einem Kundenauftrag zugeordnet und kann entsprechend auch erst dann durchgeführt werden, wenn ein solcher Kundenauftrag bereits vorliegt /Jodlba2007, S.1f./. Folglich bedienen sich Auftragsfertiger der Fertigungstypen Einzelfertigung oder Werkstattfertigung und werden somit auch als kundenauftragsbezogene Einmal- bzw. Einzelfertiger bezeichnet. Beispielhafte Branchen sind der Sondermaschinen-bau, Anlagenbau, Maschinenbau oder Apparatebau. Mittlerweile sind bei verschiedenen Auftragsfertigern allerdings auch Standardisierungstrends zu erkennen, welche zur Produktion von Kleinserien tendieren. /Schuh2006, S.135/

4.1.2 Rahmenauftragsfertiger

Rahmenauftragsfertiger verfügen über langfristige Rahmenverträge mit Kunden, in denen periodenweise die jeweiligen Bedarfe an den jeweiligen Erzeugnissen prognostiziert werden. Die Auftragsauslösung ist also – anders als beim Auftragsfertiger – nicht an einzelne Einmalaufträge gekoppelt, sondern findet langfristig statt, was dem jeweiligen Rahmenauftragsfertiger die Möglichkeit gibt, die eigene Produktion über die gesamte Laufzeit der Vereinbarungen genauer zu planen. Die durch den Kunden periodenweise prognostizierte Erzeugnismenge kann allerdings leicht variieren, so dass die genaue Liefermenge und die entsprechenden Liefertermine in den einzelnen Perioden erst kurzfristig zu bestimmten Zeitpunkten durch den Kunden mitgeteilt werden. /Schuh2006, S.135/, /Zarnek2007, S.107/

Die nicht abgerufenen Erzeugnismengen müssen zwischengelagert werden und die zu wenig produzierten dem Sicherheits- bzw. dem Reservebestand entnommen werden, was eine entsprechende Lagerhaltung voraussetzt. Es empfiehlt sich daher, bereits in der Produktionsbedarfsplanung die Vergleichbarkeit verschiedener Produkte (aus verschiedenen Aufträgen) auszunutzen, um sowohl gemeinsame (standardisierte) Zwischenprodukte zu fertigen, als auch ähnliche Endprodukte über gleiche Fertigungsabläufe zu produzieren. Somit wird die Produktionsflexibilität erhöht und die Lagerhaltung reduziert. /N.N.2010a/

4.1.3 Variantenfertiger

Der Variantenfertiger produziert seine Endprodukte prinzipiell in zwei Schritten. Im ersten Schritt fertigt er kundenanonyme Zwischenprodukte **ohne** direkte Kundenaufträge. Im zweiten Schritt greift er **mit** direktem Kundenauftrag auf die in Schritt eins produzierten Zwischenprodukte zurück und fertigt aus ihnen die jeweils geforderten Endprodukte. Er erzeugt aus einer großen Menge an Zwischenprodukten mehrere kleinere Mengen an unterschiedlichen Endproduktvarianten. Die zu produzierende Anzahl an Zwischenprodukten in der Vorproduktion (Schritt eins) prognostiziert der Variantenfertiger anhand von Markt-analysen, lagert diese temporär in einem Zwischenlager und beginnt schließlich mit der Endproduktion (Schritt zwei) sobald die entsprechenden Kundenaufträge vorliegen. /Schuh2006, S.135/, /Luczak1999, S.237/

4.1.4 Lagerfertiger

Der Lagerfertiger produziert seine Erzeugnisse ausschließlich „auf Lager" und tut dies generell auf kundenanonyme Art und Weise /Luczak1999, S.92/. Der Kunde hat keinerlei Einfluss auf die Auftragsabwicklung und wird ausschließlich aus dem Lager des Produzen-ten bedient. Mittlerweile lassen sich allerdings auch Tendenzen hin zur kundenspezifischen Endmontage beobachten. Dies führt zu typischen Auftragsabwicklungsabläufen eines Variantenfertigers. Entsprechende Auftragsauslösungen finden ausschließlich durch Marktforschungsergebnisse und Nachfrageentwicklungen statt /N.N.2010a/. Die Lagerfer-tigung ist hauptsächlich in der Konsumgüterindustrie anzutreffen. /Schuh2006, S.136/

4.2 Kooperationspotenziale von Unternehmen mit unterschiedlichen Auftragsab-wicklungstypen

Um möglichst große Produktionskooperationspotenziale mittelständischer Unternehmen in regionalen Netzwerken zu schaffen, ist es zweckmäßig, sich nicht ausschließlich auf glei-che Auftragsabwicklungstypen zu konzentrieren, sondern auch Kollaborationsmöglichkei-ten verschiedener Abwicklungstypen zu untersuchen, um auch hier gemeinsame Schnitt-stellen in der Produktion zu finden, die schließlich zu weiteren effizienten Kooperations-möglichkeiten führen können.

In diesem Abschnitt werden die Merkmalsausprägungen der zuvor (vgl. Kap 4.1) beschrie-benen Auftragsabwicklungstypen gegenübergestellt, mögliche Schnittstellen aufgezeigt und bewertet, ob Kooperationen zwischen den verschiedenen Typen grundsätzlich möglich sind.

4.2.1 Kombinatorische Möglichkeiten bilateraler Beziehungen

Im Folgenden werden alle kombinatorischen Möglichkeiten bilateraler Beziehungen zwischen den verschiedenen Auftragsabwicklungstypen gegenübergestellt und aufgezeigt, welche Kooperationsmöglichkeiten nennenswerte Potenziale aufweisen. Hierbei wird zunächst theoretisch überlegt, welche Kombinationsmöglichkeiten sinnvoll sind. Danach werden die gewonnenen Erkenntnisse zusammengefasst und bewertet.

4.2.1.1 Theoretische Kooperationsmöglichkeiten unterschiedlicher Auftragsabwicklungstypen in der Fertigung

Anhand der vier betrachteten Auftragsabwicklungstypen gibt es 16 zu untersuchende Kombinationsmöglichkeiten, um eigene Kapazitätsengpässe oder –überschüsse auszugleichen. Abbildung 9 stellt diese anschaulich dar:

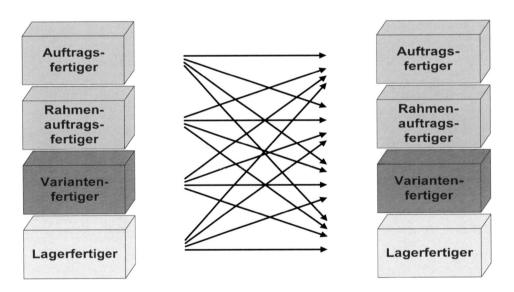

Abbildung 9: Kombinationsmöglichkeiten der Auftragsabwicklungstypen

In den folgenden Abschnitten werden diese Kooperationsmöglichkeiten jeweils gegenübergestellt und geprüft, welche Alternativen Kooperationspotenzial aufweisen. Hierbei werden aus Gründen der Übersichtlichkeit und Verständlichkeit die Farben aus Abbildung 9 auch in den folgenden Abbildungen verwendet. In Abbildung 9 wurde u.a. die Kooperationsalternative zwischen Auftrags- und Rahmenauftragsfertiger vorgestellt. Diese Kooperationsmöglichkeit wird im folgenden Abschnitt näher untersucht und die zuvor verwendeten Farben auch in Abbildung 10 und Abbildung 11 benutzt. Sämtliche anderen Kooperationsalternativen werden in den Folgeabschnitten analog betrachtet.

Kooperationsmöglichkeiten zwischen Auftrags- und Rahmenauftragsfertiger

In diesem Abschnitt wird überprüft, ob ein Auftragsfertiger über produktionstechnische Schnittstellen mit dem Rahmenauftragsfertiger verfügt. Diese werden explizit aufgeführt und es wird festgestellt, ob eine Fertigungskooperation in Frage kommt.

Nr	Merkmal	Merkmalsausprägung				
1	Auftragsauslösungsart	Produktion auf Bestellung mit Einzelaufträgen	Produktion auf Bestellung mit Rahmenaufträgen	kundenanonyme Vor-/ kundenauftragsbezogene Endproduktion	Produktion auf Lager	
2	Erzeugnisspektrum	Erzeugnisse nach Kundenspezifikation	typisierte Erzeugnisse mit kundenspezifischen Varianten	Standarderzeugnisse mit Varianten	Standarderzeugnisse ohne Varianten	
3	Erzeugnisstruktur	mehrteilige Erzeugnisse mit komplexer Struktur	mehrteilige Erzeugnisse mit einfacher Struktur	geringteilige Erzeugnisse		
4	Ermittlung des Erzeugnis-/Komponentenbedarfs	bedarfsorientiert auf Erzeugnisebene	erwartungs- & bedarfsorientiert auf Komponentenebene	erwartungsorientiert auf Komponentenebene	erwartungsorientiert auf Erzeugnisebene	verbrauchsorientiert auf Erzeugnisebene
5	Auslösung des Sekundärbedarfs	auftragsorientiert	teilw. auftragsorientiert/ teilw. periodenorientiert	perodenorientiert		
6	Beschaffungsart	weitgehender Fremdbezug	Fremdbezug in größerem Umfang	Fremdbezug unbedeutend		
7	Bevorratung	keine Bevorratung von Bedarfspositionen	Bevorratung von Bedarfspositionen auf unteren Strukturebenen	Bevorratung von Bedarfspositionen auf oberen Strukturebenen	Bevorratung von Erzeugnissen	
8	Fertigungsart	Einmalfertigung	Einzel- und Kleinserienfertigung	Serienfertigung	Massenfertigung	
9	Ablaufart in der Teilefertigung	Werkstattfertigung	Inselfertigung	Reihenfertigung	Fließfertigung	
10	Ablaufart in der Montage	Baustellenmontage	Gruppenmontage	Reihenmontage	Fließmontage	
11	Fertigungsstruktur	Fertigung mit hohem Strukturierungsgrad	Fertigung mit mittlerem Strukturierungsgrad	Fertigung mit geringem Strukturierungsgrad		
12	Kundenänderungseinflüsse während der Fertigung	Änderungseinflüsse in größerem Umfang	Änderungseinflüsse gelegentlich	Änderungseinflüsse unbedeutend		

○ Auftragsfertiger   ○ Rahmenauftragsfertiger   ● Schnittstellen

Abbildung 10: Merkmalsausprägungen bei Auftrags- und Rahmenauftragsfertiger (entnommen aus /Schuh2006, S.137 und S.155/)

Das Forschungsinstitut für Rationalisierung an der RWTH Aachen hat ursprünglich für jeden Auftragsabwicklungstypen eine eigene morphologische Übersicht über die jeweiligen Merkmalsausprägungen konzipiert. In Abbildung 10 sind die jeweiligen Merkmalsausprägungen der beiden Auftragsabwicklungstypen Auftrags- und Rahmenauftragsfertiger gegenübergestellt, um zu veranschaulichen, inwieweit sich die jeweiligen Merkmale gleichen bzw. unterscheiden. Hierbei sind die Merkmalsausprägungen des Auftragsfertigers in grün und die des Rahmenauftragsfertigers in blau dargestellt. Sämtliche Schnittstellen sind rot hinterlegt.

Das Hauptaugenmerk liegt nun darauf, zu untersuchen, ob die jeweils betrachteten Fertigungstypen über ähnliche oder gleiche Fertigungsabläufe verfügen, um die Grundvoraussetzungen für eine Produktionskooperation zwischen den jeweils untersuchten Auftragsabwicklungstypen zu schaffen. Daher ist es vorerst ausreichend, die Merkmale „Fertigungsart", „Ablaufart in der Teilefertigung" und die „Ablaufart in der Montage" näher zu betrachten.

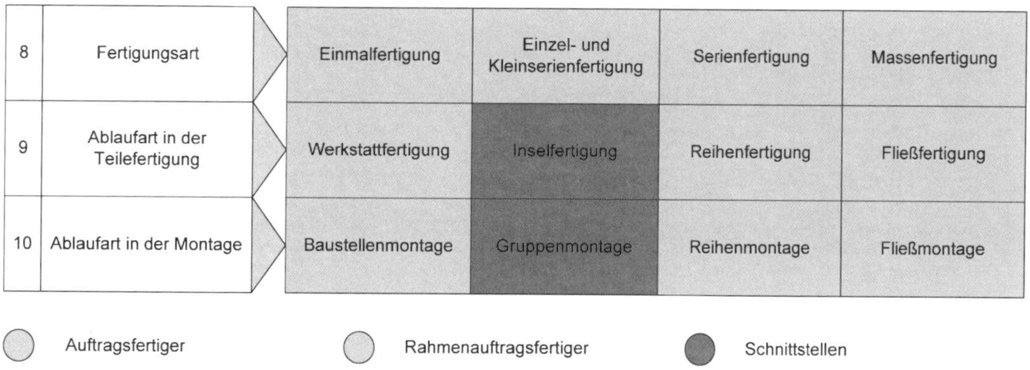

8	Fertigungsart	Einmalfertigung	Einzel- und Kleinserienfertigung	Serienfertigung	Massenfertigung
9	Ablaufart in der Teilefertigung	Werkstattfertigung	Inselfertigung	Reihenfertigung	Fließfertigung
10	Ablaufart in der Montage	Baustellenmontage	Gruppenmontage	Reihenmontage	Fließmontage

◯ Auftragsfertiger ◯ Rahmenauftragsfertiger ⬤ Schnittstellen

Abbildung 11: Vergleich zwischen Auftrags- und Rahmenauftragsfertiger

Abbildung 11 verdeutlicht das Kooperationspotenzial zwischen Auftrags- und Rahmenauftragsfertiger. Beide Unternehmenstypen greifen in ihren Fertigungsabläufen auf die Inselfertigung zurück, die eine sehr anpassungsfähige Fertigungsart darstellt, da sie sich durch eine sehr hohe Flexibilität bei kurzfristigen Änderungen der Produktionsaufgaben auszeichnet. In Produktionsinseln werden verschiedene Fertigungsmaschinen (Dreh-, Bohr-, Fräs-, Stanzmaschinen, etc.) sowie weitere Arbeitssysteme unterschiedlicher Funktion zur Erfüllung der jeweiligen Produktionsaufgaben räumlich zusammengefasst, was zu einer autarken Produktionsabwicklung mehrerer Erzeugnisse führt. Da es beliebig viele verschiedene Erzeugnisarten gibt, die in solchen Produktionsinseln gefertigt werden können, bietet es sich an, sogenannte Erzeugnisfamilien zu deklarieren, welche verschiedene Produkte mit ähnlichen Fertigungsabläufen zusammenfasst. Diese Erzeugnisfamilien können in gemeinsamen Produktionsschritten bearbeitet werden. Die Maschinenbelegung wird optimiert, eine hohe Produktivität wird erreicht und Prozessabläufe werden effizienter durchgeführt. Durch die hohe Fertigungsverwandtschaft der Erzeugnisse ergeben sich geringere Umrüstzeiten, so dass auch unternehmensfremde Erzeugnisse im Zuge der Unternehmenskooperation keine zeitaufwändigen Umrüstungen verursachen. /Tempel2005, S.108f./

Es gibt keine Übereinstimmung bei der Fertigungsart der beiden Produktionstypen. Der Auftragsfertiger nimmt Einmal-, Einzel- oder Kleinserienfertigungen vor; der Rahmenauftragsfertiger wendet die Serien- und Massenfertigung an. Grundsätzlich stellt dies kein Problem dar, da die Ausbringungsmenge bei Inselfertigungen an das Produktionsprogramm variabel angepasst werden kann. Allerdings müssen die zur Verfügung stehenden Kapazitäten innerhalb der Fertigungsinseln berücksichtigt werden. Die Schnittstelle der Gruppenmontage zielt auf die Ablaufart in der Teilefertigung ab. Sie beinhaltet die Kombination mehrerer Fertigungsverfahren unter Ausnutzung der Vorteile von Fließ- und Werkstattfertigung bzw. Vermeidung derer Nachteile, was sich die Inselfertigung zu Nutze macht. Beide Fertigungstypen (Fließ- und Werkstattfertigung) werden in ihren sogenannten Inseln produktionsablauftechnisch vereint /Wannew2006, S.436/.

Spontane Auslagerungen einzelner Produktionsbereiche bei vorliegenden Kapazitätsengpässen eines Auftragsfertigers zu einem Rahmenauftragsfertiger (bzw. umgekehrt), welchem entsprechende Überkapazitäten zur Verfügung stehen, sollten somit kurzfristig unproblematisch zu realisieren sein.

Kooperationsmöglichkeiten zwischen Auftrags- und Variantenfertiger

Die nächste Abbildung stellt die beiden Auftragsfertigungstypen Auftrags- und Variantenfertiger gegenüber und zeigt auch hier theoretische Kooperationspotenziale zwischen diesen beiden Typen auf:

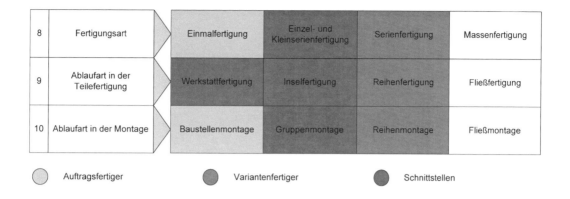

8	Fertigungsart	Einmalfertigung	Einzel- und Kleinserienfertigung	Serienfertigung	Massenfertigung
9	Ablaufart in der Teilefertigung	Werkstattfertigung	Inselfertigung	Reihenfertigung	Fließfertigung
10	Ablaufart in der Montage	Baustellenmontage	Gruppenmontage	Reihenmontage	Fließmontage

◯ Auftragsfertiger　　　　●　Variantenfertiger　　　　●　Schnittstellen

Abbildung 12: Vergleich zwischen Auftrags- und Variantenfertiger (in Anlehnung an /Schuh2006, S.137 und S.168/)

Diese beiden Auftragsabwicklungstypen wenden ebenfalls (genauso wie Auftrags- und Rahmenauftragsfertiger) die Inselfertigung als Fertigungstyp an und verfügen somit über die oben beschriebenen Kooperationspotenziale. Zusätzlich ergeben sich weitere Potenziale über die Werkstattfertigung, da auch dieser Fertigungstyp von beiden Auftragsabwicklungstypen angewendet wird. Bei der Werkstattfertigung, als historisch klassischer Fertigungsform, werden die Betriebsmittel im Hinblick auf die Optimierung einzelner Arbeitsgänge angeordnet. Die funktionsorientierte Aufteilung der jeweiligen Fertigungsprozesse findet nach dem Verrichtungsprinzip statt und fasst Betriebsmittel und Arbeitsplätze zu verschiedenen „Werkstätten" (bspw. die Dreherei, Schlosserei, Tischlerei etc.) zusammen /Müller2006, S.42/. Da bei der Werkstattfertigung Nachteile (bspw. die aufwändige Arbeitsvorbereitung, lange Transportwege und Zwischenlagerzeiten) entstehen, bietet sich diese Fertigungsform nur in der Einzel- und Kleinserienfertigung oder auch der Einmalfertigung an /Weber2009, S.121/. Da keine aufwändigen Rüstzeiten zwischen der Bearbeitung verschiedener Erzeugnisse in den einzelnen Werkstätten entstehen, und die Maschinenbelegung sehr flexibel ist, bietet sich auch hier ein großes produktionstechnisches Kooperationspotenzial an.

Analog zur Kombination Auftragsfertiger / Rahmenauftragsfertiger sollten spontane Auslagerungen einzelner Produktionsbereiche bei vorliegenden Kapazitätsengpässen eines Auftragsfertigers zu einem Variantenfertiger (et vice versa), welchem entsprechende Überkapazitäten zur Verfügung stehen, kurzfristig unproblematisch zu realisieren sein.

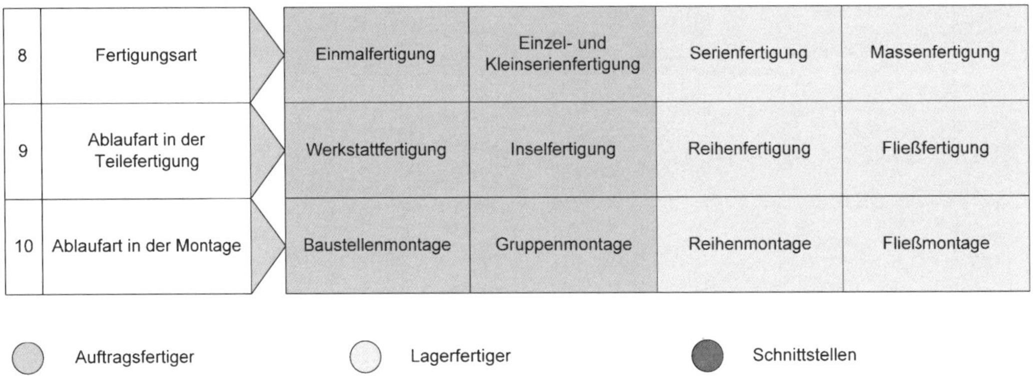

8	Fertigungsart	Einmalfertigung	Einzel- und Kleinserienfertigung	Serienfertigung	Massenfertigung
9	Ablaufart in der Teilefertigung	Werkstattfertigung	Inselfertigung	Reihenfertigung	Fließfertigung
10	Ablaufart in der Montage	Baustellenmontage	Gruppenmontage	Reihenmontage	Fließmontage

Auftragsfertiger   Lagerfertiger   Schnittstellen

Abbildung 13: Vergleich zwischen Auftrags- und Lagerfertiger (in Anlehnung an /Schuh2006, S.137 und S.181/)

In Abbildung 13 wird deutlich, dass es zwischen dem Auftrags- und dem Lagerfertiger keinerlei Schnittstellen im Fertigungsablauf bezüglich der dort angewandten Fertigungstypen gibt. Auch durch einfache Vorüberlegungen wird schnell ersichtlich, dass die Absatzstrategien dieser beiden Auftragsabwicklungstypen gegensätzlicher nicht sein könnten. Dies stellt den Hauptausschlag für den innerbetrieblichen Leistungserstellungsprozess dar, was wiederum zu gegensätzlichen Fertigungsstrategien führt und Produktionskooperationen ausschließt. Leistungserstellungsprozesse werden beim Auftragsfertiger durch Bestellungen von Einzelaufträgen initiiert (vgl. Kap. 4.1.1). Dies führt zu kundenspezifischen Erzeugnissen (mit hoher Komplexität), die in der Regel einmalig gefertigt werden wobei der Lagerfertiger kundenanonym in großer Stückzahl (mit geringerer Komplexität der Erzeugnisse) auf Lager produziert (Kapitel 4.1.4). Aufgrund dieser unterschiedlichen Merkmale ist es offensichtlich, dass beide Abwicklungstypen keinerlei Schnittstellen in der Produktion haben können. Eine produktionstechnische Kooperation ist daher von vornerein ausgeschlossen.

8	Fertigungsart	Einmalfertigung	Einzel- und Kleinserienfertigung	Serienfertigung	Massenfertigung
9	Ablaufart in der Teilefertigung	Werkstattfertigung	Inselfertigung	Reihenfertigung	Fließfertigung
10	Ablaufart in der Montage	Baustellenmontage	Gruppenmontage	Reihenmontage	Fließmontage

● Variantenfertiger   ○ Rahmenauftragsfertiger   ● Schnittstellen

Abbildung 14: Vergleich zwischen Rahmenauftrags- und Variantenfertiger (in Anlehnung an /Schuh2006, S.155 und S.168/)

Wie bereits in den zuvor beschriebenen Vergleichen zwischen dem Auftrags- und Rahmenauftragsfertiger sowie zwischen dem Auftrags- und Variantenfertiger aufgezeigt, ist zwischen dem Rahmenauftrags- und dem Variantenfertiger die Kooperationsmöglichkeit hinsichtlich der Kapazitätsausnutzungen in der Inselfertigung gegeben. Zusätzlich zu den Kooperationsmöglichkeiten dieser beiden Typen in der Einzel- und Kleinserienfertigung sind nach Abbildung 14 auch in der Serienfertigung Potenziale für eine Zusammenarbeit erkennbar, da beide Typen neben der Inselfertigung auch auf die Reihenfertigung zurückgreifen. Während die Werkstattfertigung nach dem Verrichtungs- und die Inselfertigung nach dem Gruppenprinzip klassifiziert werden können, werden sowohl Reihen- als auch Fließfertigung nach dem Objekt- bzw. Flussprinzip kategorisiert. Hierbei unterscheiden sich Reihen- und Fließfertigung insofern voneinander, dass bei der Reihenfertigung ein zeitlich ungebundener gerichteter Materialfluss vorliegt, bei der Fließfertigung dagegen ein zeitlich gebundener. Bei der Reihenfertigung sind also die Arbeitsplätze und Produktionsmittel ohne zeitliche Abstimmung hintereinander mit losen Fließbandabschnitten verbunden, um so die Durchlaufzeiten zu reduzieren. /Weber2009, S.121f./

Aufgrund der geringen Flexibilität dieser Fertigungsart ist eine kurzfristige Produktionskooperation problematisch und nicht empfehlenswert, da die Arbeitsvorbereitungen relativ aufwendig sind. Fertigen zwei Unternehmen ähnliche oder gar gleiche Zwischenprodukte, sollten sich keinerlei Probleme während einer Produktionskooperation ergeben.

Kooperationsmöglichkeiten zwischen Rahmenauftrags- und Lagerfertiger

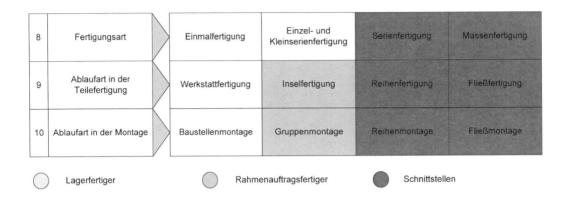

Abbildung 15: Vergleich zwischen Rahmenauftrags- und Lagerfertiger (in Anlehnung an /Schuh2006, S.155 und S.181/)

Aufgrund ähnlicher Absatzstrategien eines Rahmenauftrags- und eines Lagerfertiger sind auch die Produktionsabläufe beider Auftragsabwicklungstypen sehr ähnlich. Während der Rahmenauftragsfertiger langfristige Geschäftsbeziehungen zu seinen Kunden pflegt und Planungssicherheit in der Produktion besitzt, lassen sich die zur Leistungserbringung notwendigen Prozesse gewinnbringend optimieren, was zu rationellen Produktionsprogrammen führt. Da in der Regel große Mengen von den Kunden nachgefragt werden, die diese in bestimmten Zeitintervallen bei dem entsprechenden Rahmenauftragsfertiger abrufen, bietet sich sowohl die Serien- als auch die Massenfertigung an. Es können langfristige Fertigungssysteme konzipiert werden, die kostengünstig zu hohen Produktionsmengen führen (vgl. Kapitel 4.1.2). Dies geschieht bspw. mit Hilfe der Reihenfertigung, mit der kunden**anonyme**, standardisierte Zwischenprodukte gefertigt werden. Im zweiten kunden-**auftragsbezogenen** Produktionsschritt wird das Endprodukt gefertigt. Werden einfache Erzeugnisse (geringer Komplexität) in hohen Stückzahlen benötigt, bietet sich auch die Fließfertigung an. Der Lagerfertiger unterhält hingegen keine langfristigen Geschäftsbeziehungen zu seinen Kunden, sondern produziert ausschließlich auf Lager, aus dem er schließlich die hohen Kundennachfragemengen, die durch Marktforschungen und Absatzprognosen bekannt sind, bedient (vgl. Kapitel 4.1.4). Folglich muss auch dieser Produktionstyp hohe Stückzahlen fertigen, was am effizientesten über die Serien- und Massenfertigung geschieht.

Aufgrund der nahezu gleichen Fertigungsarten, die in der Produktion des Rahmenauftrags- bzw. des Lagerfertigers zur Anwendung kommen, liegt auch hier ein großes Kooperationspotenzial zwischen diesen beiden Auftragsabwicklungstypen vor, womit spontane Produktionsauslagerungen einzelner Erzeugnisse bei vorliegenden Kapazitätsengpässen generell unproblematisch zu realisieren sein sollten. Dies ist allerdings nur dann unproblematisch, wenn die jeweils automatisierten Fertigungsstraßen für die Produktion der externen Erzeugnisse ausgelegt sind. Müssen die Produktionsabläufe jedoch an die für die externen Erzeugnisse notwendigen Produktionsschritte noch angepasst werden, könnte ein sehr komplexer Arbeitsaufwand im Sinne von Arbeitsvorbereitung, Umrüstprozessen und dergleichen entstehen, was eine kurzfristige Kooperation unmöglich macht.

Kooperationsmöglichkeiten zwischen Varianten- und Lagerfertiger

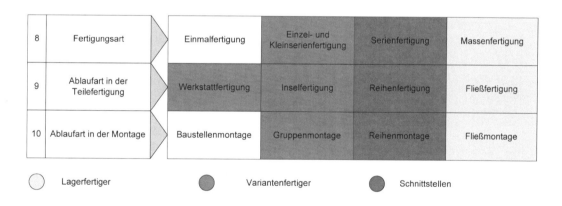

Abbildung 16: Vergleich zwischen Varianten- und Lagerfertiger (in Anlehnung an /Schuh2006, S.181 und S.168/)

Eine kurzfristige Kooperationsmöglichkeit zwischen diesen beiden Auftragsabwicklungstypen ist generell ebenso möglich wie zwischen den zuvor beschriebenen. Es liegt keine Schnittstelle in der Massenproduktion vor, da der Variantenfertiger sich eher an Kleinserienfertigung orientiert als an Massenfertigung. Prinzipiell kann die gleiche Argumentation wie zwischen Rahmenauftrags- und Lagerfertiger verwendet werden. Solange beide Unternehmen über ein ähnliches Produktportfolio verfügen, womit bei Produktionsverlagerungen untereinander Umrüstprozesse, Mitarbeiterschulungen usw. nicht weiter ins Gewicht fallen, sollte eine kurzfristige Produktionskooperation unproblematisch umsetzbar sein.

4.2.1.2 Zusammenfassung und Bewertung

Die gewonnenen Erkenntnisse aus den vorangegangenen Vergleichen hinsichtlich der Kooperationspotenziale zwischen den vier verschiedenen Auftragsabwicklungstypen sind in diesem Abschnitt in Tabelle 4 zusammengefasst:

Tabelle 4: Kooperationspotenziale

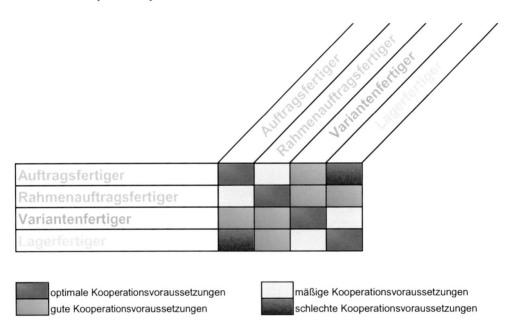

In dieser Abbildung sind die Kooperationsmöglichkeiten mit hohem (grün), mit grundsätzlichem (gelb) und mit schwindend geringem theoretischen Kooperationspotenzial (rot) dargestellt. Die vielversprechendsten Kooperationspotenziale weisen Rahmenauftrags- und Variantenfertiger auf, die produktionstechnische Schnittstellen mit jedem anderen Fertigungstyp aufweisen. Dies ist deshalb der Fall, da beide Typen teilweise mehrstufige Produktionsprogramme verwenden, um sowohl Primär- als auch Sekundärbedarfe zu befriedigen, und sowohl kundenanonym als auch kundenorientiert fertigen zu können. Rahmenauftrags- und Variantenfertiger stellen also eine Art Mischform aus Auftrags- und Lagerfertiger dar und ist eine einfache Erklärung für die zahlreichen Schnittstellen der jeweiligen Produktionsabläufe.

Auch bei Auftrags- und Lagerfertiger liegen Kooperationsmöglichkeiten zu anderen Fertigungstypen vor. Es muss lediglich eine Kooperation untereinander ausgeschlossen werden,
da die jeweiligen Absatzstrukturen so grundverschieden sind, dass beide komplett verschiedene Fertigungsstrategien umsetzen. Deshalb liegen auch keine Schnittstellen im
Produktionsablauf vor. Allerdings ist ein Annäherungstrend dieser klassischen Auftragsabwicklungstypen zu den Mischformen zu erkennen, da der Auftragsfertiger immer mehr
zur Produktion von Kleinserien, und der Lagerfertiger immer mehr zur kundenspezifische-
ren Produktion tendiert /Schuh2006, S.135f./. Dementsprechend tendieren also der Auftragsfertiger zum Rahmenauftragsfertiger und der Lagerfertiger zum Variantenfertiger.
Dies wird zukünftig zu noch höheren Produktionskooperationspotenzialen zwischen den
einzelnen Unternehmen führen, um individuellen temporären Über- bzw. Unterkapazitäten
erfolgreich entgegenzuwirken.

4.3 Bilaterale logistische Hauptprozesse in Produktionskooperationen

Ziel dieser Studie ist es, die jeweiligen Hauptprozesse, die für einen reibungslosen Kooperationsablauf zwischen den einzelnen Netzwerkteilnehmern in regionalen Produktionsnetzwerken benötigt werden, zu erfassen. Diese gilt es möglichst einheitlich zu gestalten,
um die Realisierung kurzfristiger Kooperationen reaktionsschnell zu ermöglichen. Schließlich werden Handlungsempfehlungen für die einzelnen Unternehmen im Rahmen eines
Regelkreismodells erarbeitet, die als Leitfaden für erfolgreiche Kooperationsprojekte
dienen sollen.

4.3.1 Konzepte zur Prozessanalyse

Um die zur erfolgreichen Leistungserstellung notwenigen Hauptprozesse, die bei einer
unternehmensübergreifenden Kooperation zu durchlaufen sind, zu identifizieren, ist deren
Ist-Aufnahme im Rahmen einer Prozessanalyse durchzuführen /Figgen2007, S.27/. Hierbei
bieten sich das „Top-down"- und das „Bottom-up"- Verfahren an /Kosiol1962, S.42ff./.
Der „Top-down"-Ansatz stellt hierbei eine Vorgehensweise dar, bei der die Hauptprozesse

jeweils in Subprozesse und einzelne Aktivitäten zerlegt werden /Becker2002, S.153ff./. Das „Bottom-up"-Verfahren verfährt genau gegensätzlich, indem aus den einzelnen Prozessschritten der untersten Prozessebene die Hauptprozesse abgeleitet werden. Letzteres kann allerdings auf Grund der Komplexität und Vielzahl der einzelnen Prozesse zu Prozessüberschneidungen und Koordinationsproblemen führen /Gaitan1994, S.6ff./. In der Praxis findet daher für gewöhnlich das sog. „Gegenstrom-Verfahren" als Kombination aus den beiden Verfahren Anwendung.

Um die Komplexität der vorliegenden Prozessschritte zu reduzieren, die Übersichtlichkeit zu wahren und das Wesentliche in den Vordergrund zu stellen werden nur prozessrelevante Aktivitäten visualisiert. Abbildung 17 zeigt, wie sich die Hauptprozesse in einzelne Prozesselemente gliedern lassen.

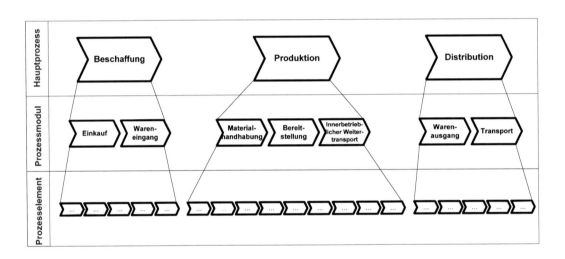

Abbildung 17: Detaillierung von Hauptprozessen (in Anlehnung an /Figgen2007, S.28/)

Durch die Visualisierung der einzelnen Prozessschritte können diese genau dokumentiert und anschließend analysiert werden. Eine Schwachstellenanalyse wird ebenfalls hierdurch vereinfacht. In diesem Buch ermöglicht diese Verfahrensweise vor allem die nähere Betrachtungsweise und Optimierung der relevanten logistischen Prozesse zwischen den jeweiligen Kooperationspartnern. Hierbei ist generell auf die Zielgrößen *Durchlaufzeit*, *Prozesskosten* und *Qualität* zu achten /Winz1997, S.63/. Ein Hauptaugenmerk bei der Prozessoptimierung muss auf die Vollständigkeit sowie Lesbarkeit der schriftlichen und elektronischen Informationen gelegt werden, um unnötige Prozessverzögerungen zu vermeiden. Fehllieferungen und Fehlmengen sollen minimiert werden. Die Qualität und Richtigkeit aller benötigten Informationen haben folglich entscheidenden Einfluss auf die Prozessqualität und die Leistungsfähigkeit der verschiedenen Systeme. Die Identifikation falscher Informationen durch fehlerhaftes Bedienen von IT-Applikationen muss zudem durch entsprechende innovative IT-Systeme ermöglicht werden. /Figgen2007, S.27ff./

In der Literatur wurden bereits verschiedene Referenzmodelle erarbeitet, mit Hilfe derer der heterogene Wandel von Prozessen reaktionsschnell bewältigt werden soll[23]. Das Geschäftsprozessmanagement wird durch diese Modelle dahingehend unterstützt, dass der unzureichend aufeinander abgestimmte Einsatz von Technik, Prozessen und unterstützenden Informationssystemen in der Logistik optimiert wird /Figgen2007, S.32f./. Unter Einbeziehung der verschiedenen Referenzmodelle werden nach der Qualitätsbestimmung des jeweiligen Ist-Modells die Schwachstellen und Verbesserungspotenziale identifiziert /Schweg2002, S.167f./. Es werden Empfehlungen für

- ➤ Organisationsgestaltung,
- ➤ Prozessverbesserung,
- ➤ Logistikgestaltung,
- ➤ Softwareentwicklung,
- ➤ Qualitätsmanagement und
- ➤ Kostenrechnung

gegeben /Delp2005, S.118/. Diese wirken sich kostenminimierend, erlösmaximierend und risikominimierend aus /Becker2004, S.80ff./.

Ein unternehmensübergreifendes Prozess- bzw. Referenzmodell stellt das Supply Chain Operations Reference Modell (SCOR-Modell) dar. Mit Hilfe dieses Modells können Prozesse, die über Unternehmensgrenzen hinaus gehen, abgestimmt werden. Aufgrund ver-

---

[23] Olaf Figgener gibt in seinem Beitrag zur Prozessstandardisierung in der Intralogistik einen tabellarischen Überblick über verschiedene Referenzmodelle /Figgen2007 S.38f./. Unter anderem wird auch hier das Aachener PPS-Modell als Beispiel genannt /Schuh2006/, vgl. Kap 4.1 und 4.2

schiedener Problematiken aus der Praxis des Supply Chain Managements (SCM) wurde dieses SCOR-Modell durch das Supply-Chain Council[24] (SCC) entworfen. Es stellt einen Lösungsansatz dar, um Unternehmensprozesse einheitlich zu verbinden, die Kommunikation entlang der Supply Chain (SC) zu optimieren und die Effektivität des SCM hinsichtlich der vielfältigen Prozesse entlang der gesamten Wertschöpfungskette zu verbessern /N.N.k.A.a/, /N.N.k.A.b/. Hierbei sollen sowohl unternehmensinterne, als auch unternehmensübergreifende Prozesse beschrieben und nach Anwendung des SCOR-Modells optimiert werden.

Im Rahmen dieser Studie steht die Gestaltungsebene (Ebene 3) des SCOR-Modells im Vordergrund. Hier werden die verschiedenen Prozesskategorien durch jeweilige Prozesselemente detailliert dargestellt, die die wesentlichen Teilprozesse beschreiben /N.N.2009b/. Diese Verfahrensweise entspricht der Vorgehensweise von Olaf Figgener, der die Hierarchiestufen zur Prozessdarstellung bzw. die Detaillierung von Hauptprozessen darstellt (vgl. Abbildung 17).

4.3.2 Prozessdarstellung interorganisatorischer Produktionskooperationen

Angewendet auf die in diesem Buch zugrunde gelegte Problematik werden nun die einzelnen Hauptprozesse, die es in regionalen Produktionskooperationen intra- und interorganisatorischer Art zu durchlaufen gilt, erfasst. Weiterhin werden diese bis auf die Prozessebene detailliert dargestellt:

Abbildung 18 stellt allgemein die für den vorliegenden Betrachtungsraum relevanten Prozesse dar. Hierbei wird analog zu Kapitel 4.3.1 (Abbildung 17) vorgegangen. Der Hauptprozess „Produktion" wird hierbei in die Prozessmodule „Materialhandhabung", „Fertigungsschritte" und „innerbetrieblicher Weitertransport" untergliedert. Weiterhin werden die „Fertigungsschritte" näher untersucht und die einzelnen Prozesselemente allgemein dargestellt.

---

[24] Das Supply-Chain Council ist eine unabhängige, gemeinnützige, non-profit Gesellschaft mit Hauptsitz in Pittsburgh, Pennsylvania, USA

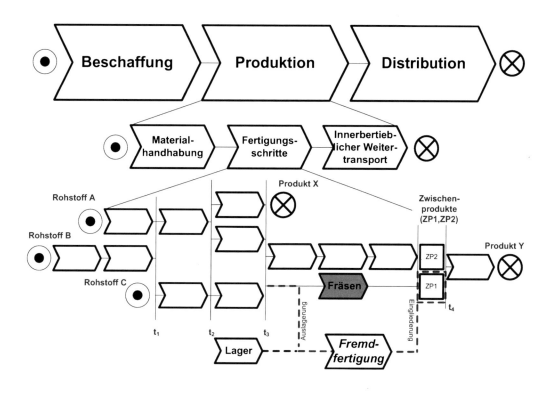

Abbildung 18: Prozessdarstellung und Detaillierung

(in Anlehnung an /Kuhn1995, S.111/)

Abbildung 18 zeigt ein Beispiel für ein beliebiges Fertigungsprogramm innerhalb eines Unternehmens U1. Aus den Rohstoffen A, B und C sollen in diesem Fall die Produkte X und Y hergestellt werden. Die Produktion von Produkt X verläuft reibungslos und effizient. Bei der Produktion von Produkt Y treten allerdings Kapazitätsprobleme auf. Da die Montage von Produkt Y aus jeweils gleichen Mengenanteilen der Zwischenprodukte ZP1 und ZP2 stattfindet, müssen zum gleichen Zeitpunkt t_4 die exakt gleichen Mengen der beiden Zwischenprodukte vorliegen. Da allerdings für diesen temporären Fertigungsauftrag eine unzureichende Anzahl an Fräsmaschinen zur Verfügung steht, würde die Produktion von ZP1 deutlich mehr Zeit in Anspruch nehmen, als die Fertigung von ZP2. Mit den aktuell im Unternehmen verfügbaren Fräsmaschinen wäre eine Durchführung dieses Produktionsprogramms aufgrund der entstehenden Wartezeiten unwirtschaftlich, weshalb eine Kapazitätserhöhung bei den Fräsmaschinen zwingend erforderlich ist. Da der Fertigungsauftrag jedoch nur temporär im Unternehmen vorliegt, scheidet die Anschaffung neuer Maschinen aus, da nach Ablauf des Fertigungsprogramms die aus den neuen Maschinen resultierenden Überkapazitäten zur Unwirtschaftlichkeit führen. Außerdem würde die Aufrüstung des Maschinenparks nicht kurzfristig realisiert werden können.

Eine alternative Möglichkeit, den Kapazitätsengpass auszugleichen, stellt die Fremdvergabe der Produktion an ein kooperierendes Unternehmen U2 dar. Hierfür müssen die Frästeile aus der internen Produktion (U1) ausgegliedert, zum Kooperationspartner (U2) transportiert, dort gefertigt, zurück transportiert und innerhalb des Zeitintervalls t_4-t_3[25] als Zwischenprodukt ZP1 wieder in die eigenen Prozesse eingegliedert werden. Hierbei werden sowohl Frästeile aus der laufenden Produktion, als auch zwischengelagerte Teile aus dem entsprechenden Lager entnommen und zur Fremdproduktion ausgelagert.

In Abbildung 19 ist ein Regelkreis dargestellt, den es bei der Realisierung solcher Produktionskooperationen zu durchlaufen gilt. Die Farben, die in dieser Abbildung verwendet wurden, dienen auch hier den folgenden Abschnitten der Übersichtlichkeit (vgl. Kapitel 4.2).

---

[25] Zeit, die alle anderen Prozesse insgesamt benötigen, um alle anderen Zwischenprodukte (in diesem Fall ZP2) zu fertigen

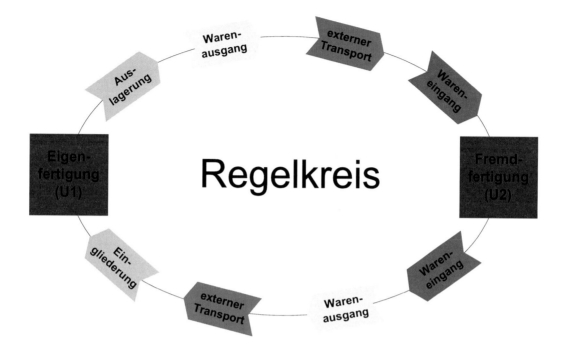

Abbildung 19: Regelkreis

In diesem Regelkreis werden die fünf logistischen Hauptprozesse

- ➢ Auslagerung
- ➢ Warenausgang
- ➢ Externer- / bzw. Rücktransport
- ➢ Wareneingang und
- ➢ Eingliederung

dargestellt, die nachfolgend näher betrachtet und analysiert werden. Später wird basierend auf diesem Regelkreis das logistische Regelkreismodell und schließlich das gesamte Prozessmodell erarbeitet (vgl. Abbildung 30).

4.3.2.1 Auslagerung

Mit der Auslagerung als ersten logistischen Hauptprozess im Zuge der Fremdfertigung von ZP1 stehen vor allem administrative Aufgaben im Vordergrund:

Zunächst muss ein geeigneter Produktionspartner gefunden werden, dem sämtliche Informationen für das vorliegende Produktionsprogramm zur Verfügung gestellt werden, nachdem vertragliche Grundlagen verhandelt und festgelegt wurden. Nach erfolgreicher Durchführung der organisatorisch notwendigen Schritte beginnt die physische Ausgliederung (Auslagerung) der fremd zu fertigenden Einzelteile. Diese werden während der Abwicklung aller weiteren logistischen Hauptprozesse (vgl. Abbildung 19) überwacht, so dass sie nach der Fremdfertigung als Zwischenprodukt ZP1 erfolgreich in die eigenen Prozesse wiedereingegliedert werden können. Abbildung 20 stellt alle administrativen Prozesse zur erfolgreichen Auslagerung der betroffenen Einzelteile graphisch dar:

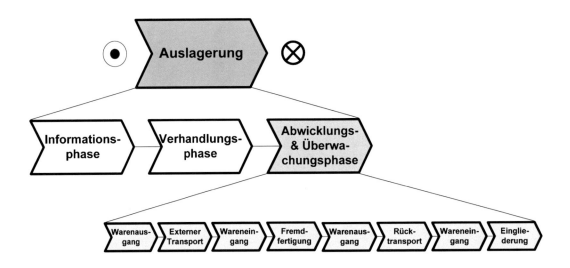

Abbildung 20: Administrative Auslagerungsprozesse

Die Prozessschritte *Informationsphase* (vgl. Abbildung 21*)*, *Verhandlungsphase* (vgl. Abbildung 22) und *Abwicklungs-* bzw. *Überwachungsphase* (vgl. Abbildung 23*)* wurden in Anlehnung an die *Transaktionskostentheorie*[26] dem logistisch-administrativen Hauptprozess **Auslagerung** zugeordnet. Kommt es im Rahmen eines beliebigen Produktionsprogramms zu Kapazitätsengpässen (im Beispiel unzureichende Fräsmaschinen), so werden diese drei Schritte durchlaufen, um eine erfolgreiche Fremdfertigung zu ermöglichen. In dieser Studie werden die entsprechenden Phasen der Transaktionskostentheorie beschrie-

---

[26] Für weitere Informationen zur Transaktionskostentheorie vergleiche /Gebaue1996/, /Grote1990/, /Hohber2000/, /Liebe2004/, /Matthe2006/.

ben, jedoch nicht weiter auf die eigentliche Bedeutung und den Inhalt der Transaktionskostentheorie eingegangen.

Die **Informationsphase** dient hierbei dem Informationsaustausch zwischen Anbietern und Nachfragern. Während der Suchphase nach einem geeigneten Kooperations- bzw. Transaktionspartner findet die Kontaktaufnahme mit entsprechenden Unternehmen statt, auf die sich die weiteren Aktivitäten ausrichten. Der Anbieter benötigt dabei Hintergrundinformationen vom Nachfrager bzgl. der gesamtwirtschaftlichen Bedingungen des durchzuführenden Produktionsauftrags. Schließlich wird ein möglicher Kooperationspartner gefunden oder der Suchprozess des nachfragenden Unternehmens geht weiter.[27]

---

[27] Zur einfacheren und schnelleren Identifikation von Unternehmen, die für eine Produktionskooperation in Frage kommen könnten, bietet sich die Vorgehensweise von Teich an, die in Kapitel 3.1.1 bereits beschrieben wurde.

Abbildung 21: Informationsphase (in Anlehnung an /Gebaue1996, S.16/)

Die **Verhandlungsphase** beginnt direkt im Anschluss an die Informationsphase, nachdem ein potentieller Transaktionspartner identifiziert werden konnte. Sie beinhaltet jegliche Vertragsverhandlungen über alle Vertragsgegenstände, die zur Erfüllung der erfolgreichen Produktionskooperation nötig sind. Hierzu gehören u. a.

> ➢ Preise,
> ➢ Mengen,
> ➢ Haftung,
> ➢ Qualitäten und
> ➢ Liefertermine

der auszutauschenden Güter. Kann in Folge erfolgloser Vertragsverhandlungen kein rechtskräftiger Vertrag über die Zusammenarbeit geschlossen werden, muss erneut die Informationsphase durchlaufen werden.

Genereller Ablauf der Verhandlungsphase:
Start: möglicher Kooperationspartner (U2) gibt konkrete(s) Anfrage/Angebot ab
Ziel: Vertragsabschluss bzw. Abbruch (und erneutes Durchlaufen der Informationsphase)

Beide Seiten (U1 und U2) signalisieren **Verhandlungsbereitschaft**

Beide Seiten legen ihre **Bedingungen** offen

Beide Seiten entscheiden über **Akzeptanz** der Bedingungen der anderen sowie über weiterhin bestehende **Verhandlungsbereitschaft**

Zu wiederholende Aktivitäten, solange einer der beiden noch nicht **akzeptiert**, aber beide noch **Verhandlungsbereitschaft** zeigen

	Änderung der **Bedingungen** durch eine/beide Seite/n
	Beide Seiten entscheiden erneut über **Akzeptanz** der Bedingungen des anderen sowie über weiterhin bestehende **Verhandlungsbereitschaft**

Verhandlungen (ohne Akzeptanz) abgebrochen?	
nein	ja

Vertrag als Verhandlungsergebnis	**Kein** Verhandlungsergebnis

Abbildung 22: Verhandlungsphase (in Anlehnung an /Gebaue1996, S.17/)

In der Abwicklungs- und Überwachungsphase kommt es schließlich zur Umsetzung aller Vertragsbestandteile des in der Verhandlungsphase ratifizierten Vertrages. Alle physischen Leistungen und im vorliegenden Beispiel gegenüberstehenden monetären Gegenleistungen werden in dieser Phase abgewickelt und überwacht. Treten unvorhergesehene Ereignisse ein, so müssen einzelne Vertragsbestandteile möglicherweise nachträglich angepasst werden oder die durchzuführenden Prozesse selbst ebenfalls angepasst werden. Die Abwicklungsphase bzw. die Durchführung der kurzfristig zustande gekommenen Kooperation umfasst hierbei sämtliche logistischen Hauptprozesse (vgl. Abbildung 19). Entsprechende Kontrollpunkte müssen während des Kooperationsablaufs durchlaufen werden, in denen vertraglich festgeschriebene Qualitätsprüfungen stattfinden. Diese werden für gewöhnlich im Warenein- und Warenausgang installiert.

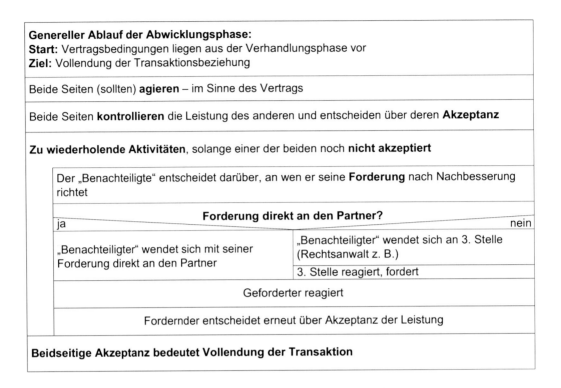

Genereller Ablauf der Abwicklungsphase:
Start: Vertragsbedingungen liegen aus der Verhandlungsphase vor
Ziel: Vollendung der Transaktionsbeziehung

Beide Seiten (sollten) **agieren** – im Sinne des Vertrags

Beide Seiten **kontrollieren** die Leistung des anderen und entscheiden über deren **Akzeptanz**

Zu wiederholende Aktivitäten, solange einer der beiden noch **nicht akzeptiert**

Der „Benachteiligte" entscheidet darüber, an wen er seine **Forderung** nach Nachbesserung richtet

Forderung direkt an den Partner?	
ja	nein

„Benachteiligter" wendet sich mit seiner Forderung direkt an den Partner	„Benachteiligter" wendet sich an 3. Stelle (Rechtsanwalt z. B.)
	3. Stelle reagiert, fordert

Geforderter reagiert

Fordernder entscheidet erneut über Akzeptanz der Leistung

Beidseitige Akzeptanz bedeutet Vollendung der Transaktion

Abbildung 23: Abwicklungs- und Überwachungsphase (in Anlehnung an /Gebaue1996, S.18/)

Michael Hülsmann hat ein Lebensphasenmodell für Kooperationen erarbeitet, welches inhaltlich der Transaktionskostentheorie sehr ähnelt. In seinem Modell gibt es während Kooperationen vier Phasen, die es zur Umsetzung erfolgreicher Kooperationen zu durchlaufen gilt:

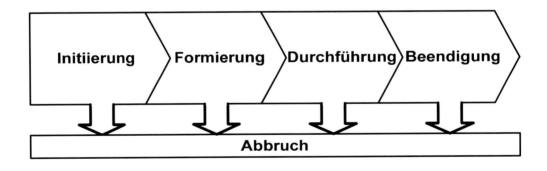

Abbildung 24: Lebensphasenmodel von Kooperationen (entnommen aus /Hülsma2008, S.53/)

So führen Kapazitätsengpässe in der eigenen Fertigung zur Initiierung von Produktionskooperationen (erste Phase) mit externen Unternehmen. Die Informations- und Verhandlungsphasen der Transaktionskostentheorie finden sich in der Formierung (zweite Phase), die Abwicklungs- und Überwachungsphase in der Durchführung (dritte Phase) und Beendigung (vierte Phase) wieder. /Hülsma2008, S.52-55/[28]

Neben den administrativen Schritten, die es im Rahmen der Auslagerung und den mit der Fremdproduktion verbundenen logistischen Hauptprozessen zu organisieren gilt (Informations-, Verhandlungs-, Abwicklungsphase), umfasst der Hauptprozess Auslagerung auch physische Prozesselemente, die es intern zu durchlaufen gilt.

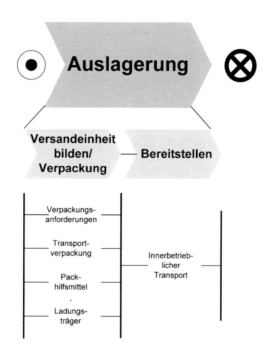

Abbildung 25: physische Auslagerungsprozesse

Wie Abbildung 25 zu entnehmen ist, gliedern sich die physischen Auslagerungsprozesse in die Prozesse *Verpackung* und *Bereitstellung* auf. Während des Verpackungsprozesses

---

[28]Eine weitere Detaillierung der zu durchlaufenden Prozessschritte wird ebenfalls gegeben. Es wird detailliert auf Anbahnungskosten und reduzierte Anbahnungskosten, die durch langfristige Kooperationen (in Folge einer langfristigen Vertrauensbildung) erreicht werden können, eingegangen. /Hülsma2008. S.56-58/

werden hierbei die zur Fremdfertigung auszugliedernden Einzelteile zu Versandeinheiten verpackt und schließlich zur nächsten logistischen Schnittstelle (Warenausgang) durch innerbetriebliche Transporte bereitgestellt. Die auszugliedernden Einzelteile werden entweder direkt aus der Produktion ausgelagert und / oder dem Lager entnommen (vgl. Abbildung 18). Der Verpackungsprozess beinhaltet hierbei die Berücksichtigung verschiedener Verpackungsanforderungen, die Transportverpackung, Packhilfsmittel und entsprechende Ladungsträger, die mit der Versandverpackung die Verpackungseinheit bilden /Pfohl2009, S.134ff./.

4.3.2.2 Warenausgang

Mit dem Warenausgang als zweitem logistischen Hauptprozess im Zuge der Fremdfertigung von ZP1 werden weitere Schritte durchlaufen, mit Hilfe derer für den Versand bereitgestellte Waren verladen werden können. Diese werden dann später mit Hilfe des externen Transports zum Produktionspartner transportiert.

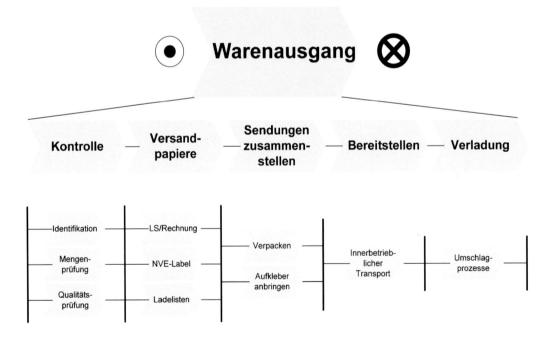

Abbildung 26: Warenausgangsprozesse

Zuerst werden die von der Ausgliederung bzw. von der Lagerhaltung bereitgestellten Versandeinheiten kontrolliert. Die Identität dieser Versandeinheiten sowie die erforderlichen Quantitäten und Qualitäten werden in diesem Prozessschritt überprüft. Hierbei wird das Ziel verfolgt, mit minimalem Prüfaufwand und optimalem Personaleinsatz das durch Fehllieferungen verursachte Reklamationsvolumen zu minimieren. /Wannew2006 S.296/

In einem zweiten Schritt werden Versandpapiere zusammengestellt, Ladelisten erstellt, Labels mit der Nummer der Versandeinheit (NVE-Labels[29]) gedruckt sowie Lieferscheine und Rechnungen erzeugt. Die überprüften Versandeinheiten werden zu einzelnen Sendungen zusammengestellt und entweder an den entsprechenden Warenausgangstoren bereitgestellt oder auf dafür vorgesehene Bereitstellflächen zwischengepuffert (womit der Warenausgang auch eine Konsolidierungsfunktion erfüllt)[30]. Während der Sendungszusammenstellung fallen erneute Verpackungsvorgänge an, um bspw. Versandeinheiten so zu konsolidieren, dass die Laderäume der Transportmittel des externen Transports optimal ausgenutzt werden können. Aufkleber an den final verpackten Versandeinheiten enthalten Informationen über Gefahrgüter, Bruchwaren, Ländercodes, o. ä. /Arnold2008, S.810/

Die vollständig bezettelten und verpackten Versandeinheiten werden anschließend in den jeweils dafür vorgesehenen Pufferflächen zur Abholung bereitgestellt und auf die jeweiligen Transportmittel verladen.

4.3.2.3 Externer Transport / Rücktransport

Den dritten logistischen Hauptprozess in der zugrundeliegenden Produktionskooperation bildet der externe Transport. Zunächst muss überlegt werden, ob der externe Transport zum Kooperationspartner mittels eigener Ressourcen (eigene LKW-Flotte) durchzuführen ist oder ob externe Logistikdienstleister (LDL) mit der Transportabwicklung beauftragt werden.

---

[29] Unter NVE-Labels wird hierbei der Adressaufkleber je Packstück verstanden
[30] Bereitstellflächen sind hier im Normalfall nach Zielrelationen angeordnet. Ein mögliches Anordnungsbeispiel sind PLZ-Gebiete, Vorsortierung für Großkunden etc.

Entscheidet sich die Unternehmensführung dafür, ein externes Unternehmen mit der Transportabwicklung zu beauftragen, ist zunächst zu klären, in welchem Umfang dieses die Transportabwicklung übernehmen soll. Es kann sowohl mit dem externen Transport beauftragt werden, als auch komplexere Aufgaben übernehmen. Das Dienstleistungsunternehmen kann beispielsweise zusätzlich mit dem unternehmensinternen logistischen Hauptprozess „Warenausgang" beauftragt werden. Darüber hinaus kann es sämtliche anderen logistischen Prozessen, beginnend mit der Auslagerung der fremd zu fertigenden Teile bis hin zur Wiedereingliederung der fremdgefertigten Teile in die unternehmenseigenen Prozesse, übernehmen. Dieses Thema führt zu einem weiteren großen Logistikbereich, dem „Outsourcing", der in diesem Buch allerdings nicht näher betrachtet wird. Es gilt zu untersuchen, welcher LDL mit dieser Aufgabe beauftragt werden soll. Ein firmenintern bewährter („eigener LDL") oder netzwerkweiter Dienstleister („netzeigene LDL") stehen zur Auswahl. Der netzwerkweite Dienstleister stellt einen in regionalen Produktionsnetzwerken unternehmensübergreifenden LDL dar, der alle Logistikprozesse, die in sämtlichen am Netzwerk teilnehmenden Unternehmen anfallen, übernimmt und koordiniert[31]. Gibt es keinen eigenen und verfügt das regionale Produktionsnetzwerk auch nicht über einen netzeigenen LDL, so gibt es zusätzlich die Möglichkeit, die entsprechenden Logistikprozesse an fremde Logistikanbieter zu vergeben (vgl. Abbildung 27).

---

[31] Mit Hilfe eines netzeigenen LDL ergeben sich große Standarisierungspotenziale, da sämtliche Logistikprozesse, die im gesamten Netzwerk anfallen, von einer zentralen Instanz einheitlich konzipiert werden können. Durch diese einheitlichen Prozesse könnten sowohl Kosten eingespart als auch schnell auf kurzfristig auftretende Kapazitätsengpässe (durch temporäre Kooperationen) reagiert werden.

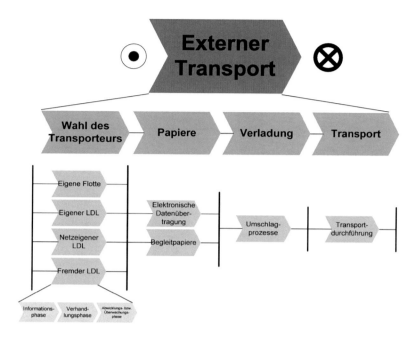

Abbildung 27: externer Transport

In Anlehnung an die Transaktionskostentheorie und das Verfahren von Hülsmann (s. o.) muss ein geeigneter Partner gefunden werden, mit dessen Hilfe eine effiziente und rationale Durchführung der verschiedenen logistischen Hauptprozesse gewährleistet wird. Dieser wird im Rahmen des externen Transports mit der Prüfung der entsprechenden Papiere im Warenausgang, der Verladung und der Fahrt beauftragt.

Wird der LDL ausschließlich mit dem Transport beauftragt, müssen an der Schnittstelle „Warenausgang" sämtliche Papiere (Lieferscheine, Gefahrgutpapiere und weitere Begleitpapiere) vom unternehmensinternen Personal geprüft, sowie die Beladung des Transportmittels (LKW) durchgeführt werden, bis der eigentliche Transport der Teile zum Kooperationspartner stattfinden kann.

4.3.2.4 Wareneingang

Als vierten logistischen Hauptprozess gilt es den Wareneingang beim externen Produktionspartner zu untersuchen. Abbildung 28 stellt diesen Hauptprozess graphisch dar und gliedert ihn in die einzelnen Prozessmodule.

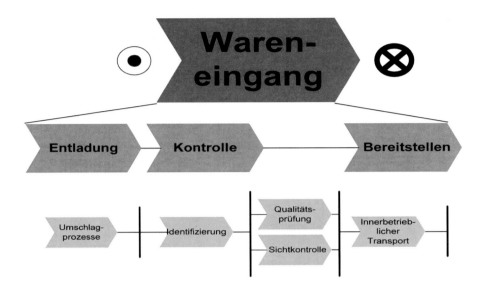

Abbildung 28: Wareneingangsprozesse

Nach Eingang der zu fräsenden Teile in der Warenannahme des externen Fertigungsunternehmens, werden diese entladen und anhand der Begleitpapiere identifiziert. Sie werden geprüft und zu ihrem innerbetrieblichen Bestimmungsort (hier: Fräsmaschinen) transportiert. Alternativ kann die „Qualitätsprüfung" auch übersprungen werden und die Frästeile nach der Sendungsidentifizierung in der Warenannahme direkt zu ihrem Zielort weitertransportiert werden. Dies würde sowohl Zeit als auch Geld sparen, hängt jedoch vom Vertrauensgrad zwischen den aktuell kooperierenden Unternehmen ab. In langfristig bewährten Kooperationen könnte somit auf eine wiederholte Qualitätskontrolle im Wareneingang des Fremdfertigers verzichtet werden. Eine Sichtkontrolle, die auf Transportschäden hin deuten würde, wäre somit ausreichend. Die Frästeile werden nach dem Weitertransport an ihren Bestimmungsort auf Pufferflächen den jeweiligen Produktionsmitteln zur Weiterbearbeitung bereitgestellt.

4.3.2.5 Fremdfertigung

Die einzelnen Fertigungsabläufe der jeweils vorliegenden Produktionsprogramme beim Fremdproduzenten sind nicht allgemein formulierbar, weil diese im Gegensatz zu den zuvor beschriebenen logistischen Hauptprozessen von Auftrag zu Auftrag variieren. Daher wird der Prozess „Fremdfertigung" im Rahmen dieser Studie nicht detailliert dargestellt. Die Fremdfertigung stellt keinen logistischen Hauptprozess dar. Die Prozesse Handhabung, Fertigung und innerbetriebliche Weitertransport seien an dieser Stelle genannt, wie Abbildung 29 verdeutlicht.

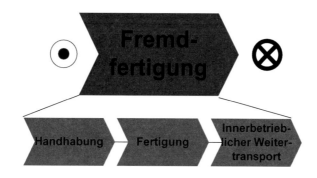

Abbildung 29: Fremdfertigung

4.3.2.6 Eingliederung

Die Eingliederung als fünfter und letzter logistischer Hauptprozess stellt das Pendant zur physischen Auslagerung (vgl. Abbildung 25) dar. Die von U2 gelieferten Teile ZP1, die sich im Wareneingang von U1 befinden, werden ausgepackt und der betriebsinternen Fertigung bereitgestellt oder eingelagert.

4.3.3   Logistisches Prozessmodell

Das logistische Prozessmodell in regionalen Produktionskooperationen stellt den ganzheitlichen Kooperationsablauf bei bilateralem Kapazitätsausgleich dar. Strukturell baut dieses Modell auf dem *Regelkreis* (vgl. Abbildung 19) auf. Es erweitert ihn um alle beschriebenen logistischen Hauptprozesse (vgl. Kap. 4.3.2), die zugehörigen Prozessmodule und die jeweiligen Prozesselemente (vgl. Abbildung 17), die es bei bilateralen Produktionskooperationen zu durchlaufen gilt. Das hierdurch aufgestellte *logistische Regelkreismodell* wird nun derart erweitert, dass alternativ auch der Fremdbezug und der Verkauf von Produkten auf dem freien Markt berücksichtigt werden. Somit kann im Falle einer Kooperation zwischen U1 und U2 entschieden werden, ob U2 die für U1 zu fertigenden Frästeile ausschließlich von U1 oder auch von Dritten bezieht, bevor sie als ZP1 zu U1 geliefert werden. Variieren bspw. die optimalen Losgrößen von U2 und U1 in den jeweiligen Fertigungsprogrammen, kann ein möglicher Überschuss an ZP1 an Dritte verkauft werden. In welchem Ausmaß U1 und U2 schließlich miteinander kooperieren, bestimmen der jeweils vorliegende Fertigungsauftrag, aus dem sich die Kapazitätsprobleme der beiden Unternehmen ergeben, sowie die jeweilige Kooperationsbereitschaft beider Unternehmen. Diese Erweiterung führt letztendlich vom logistischen Regelkreismodell zum *logistischen Prozessmodell* regionaler Produktionskooperationen, das in Abbildung 30 dargestellt ist.

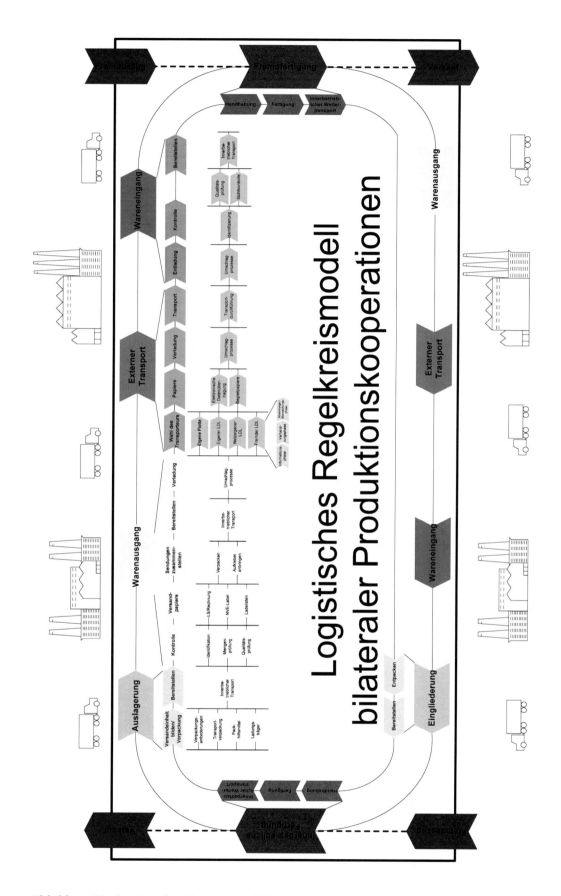

Abbildung 30: Logistisches Prozessmodell in regionalen Produktionskooperationen

5 Fazit

Regionale Produktionsnetzwerke zeigen Möglichkeiten auf, dynamischen Veränderungen in der globalen Wirtschaft erfolgreich gegenüber zu treten. Während sich große Unternehmen zunehmend auf die eigenen Kernkompetenzen besinnen, lagern sie andere Geschäftsbereiche aus und vergeben sie an spezialisierte KMU. Im Zuge dieses vermehrten Outsourcings existiert ein starker quantitativer Anstieg von KMU. Durch die regionale Ansiedlung branchengleicher oder branchenähnlicher KMU werden Kooperationen untereinander eingegangen und langfristige Partnerschaften gebildet. Mit Hilfe des stetigen Wachstums von Netzwerken gelangen diese zu internationaler Anerkennung und Konkurrenzfähigkeit. (vgl. 2.4)

Durch die Bildung von regionalen Produktionsnetzwerken werden unterschiedliche Ziele verfolgt, um Wettbewerbsvorteile zu erlangen:

> Reduzierung von Ressourcenabhängigkeiten und Umweltunsicherheiten
> Qualitätsverbesserungen
> Erhöhung der Flexibilität in der Produktion
> Technologiezugang (Know-how)
> Risikoreduktion durch Aufteilung hoher Investitionen auf mehrere Netzwerkteilnehmer
> Hohe Kapazitätsauslastungen

Diese Wettbewerbsvorteile werden durch netzwerkweit entstehende Synergieeffekte erreicht (vgl. Kapitel 2.3). In diesem Buch steht die Vermeidung von Kapazitätsengpässen durch Produktionsverlagerungen innerhalb der Produktionsnetzwerke im Vordergrund, die zu hohen Kapazitätsauslastungen der notwendigen Ressourcen (Maschinen / Personal) führt.

Um diese Ziele erreichen zu können, sind entsprechende Grundvoraussetzungen zu erfüllen:

> Schaffung von Vertrauen zur grundsätzlichen Ermöglichung kooperativer Interaktionen durch vertrauensbildende Maßnahmen (Aufbau interorganisatorischer sozialer Netzwerke / Vier-Phasen-Modell), nachhaltige Kontaktpflege zu Kooperationspartnern und durch Kontrollmechanismen (vgl. Kapitel 2.2 und 3.1.3)

> Ein zentrales Netzwerkmanagement und eine funktionierende Netzwerkkoordination (vgl. Kapitel 2.2 und 3.1.4)

> Gebrauchsanforderungen an vernetzungsfähige Produktionsstätten (vgl. Kapitel 3.1.5)

> Standardisierung von Schnittstellen zwischen den einzelnen logistischen Systemen, Berücksichtigung von Intraorganisationen der Netzwerkteilnehmer und deren Integration in die interorganisatorischen Logistikabläufe sowie technische Grundvoraussetzungen zur Gestaltung von Informationsflüssen im gesamten Netzwerk (vgl. Kapitel 3.1.6 und 3.2)

> Qualifiziertes Personal (vgl. Kapitel 3.2)

Nach der Kategorisierung aller Unternehmen in vier verschiedene Auftragsabwicklungstypen (vgl. Kapitel 4.1), wurden in dieser Studie theoretische Konstellationen möglicher Produktionskooperationen untersucht und eine Übersicht über deren Kooperationspotenziale erarbeitet (vgl. Kapitel 4.2).

Temporäre Netzwerke werden in Zukunft als die herausragende Organisationform zur Entwicklung und Herstellung von Produkten im Produktions- und Dienstleistungsbereich angesehen (vgl. Kapitel 2.4). In Anbetracht der wachsenden Bedeutung und dem damit verbundenen starken Anstieg an Kooperationsverbünden ist die Forschungsarbeit auf diesem Gebiet von großer Bedeutung. Während die Literatur sich mit den Forschungsergebnissen vieler Teilbereiche der regionalen Netzwerke befasst, existiert noch kein Werk, das die Ganzheitlichkeit dieser Netzwerke beschreibt. Die große Komplexität und die sich ändernden Einflussfaktoren der Umwelt verhindern eine spezielle Betrachtungsweise der Netzwerke. Eine allgemeine Betrachtungsweise aller notwenigen Prozesse und Einflussfaktoren auf die variablen Rahmenbedingungen dieser Netzwerke ist die geeignete Vorgehensweise, um eine Gestaltungsempfehlung für solche Kooperationsmöglichkeiten zu schaffen.

In diesem Buch wurden die logistischen Hauptprozesse, die es in einer bilateralen Produktionskooperation zu durchlaufen gilt, durch das erarbeitete generische Prozessmodell (Abbildung 30) dargestellt. Es zeigt die Umsetzbarkeit bilateraler Kooperationsabläufe auf und verdeutlicht, welche Rationalisierungs- bzw. Kosteneinsparpotenziale im Zuge regionaler Produktionskooperationen existieren.

Durch langfristige Kooperationen mit bewährten Produktionspartnern entstehen weitere Kosteneinsparpotenziale. Unternehmensintern werden verschiedene Abteilungen entlastet. Wiederkehrende vertragliche Rahmenbedingungen entlasten hierbei die Rechtsabteilung, die mit bekannten Kooperationsunternehmen wiederholt Erfahrungen sammeln konnte und bei erneuten Kooperationsprogrammen auf gleichartige Verträge zurückgreifen kann. Ein weiterer positiver Effekt von Kooperationen mit bekannten Partnern liegt im Qualitätsmanagement vor. Qualitätsstandards zwischen den Unternehmen sind bekannt, so dass die Erstellung von Lasten- und Pflichtenheften nicht bei jedem Kooperationsprozess neu erstellt werden müssen. Kosteneinsparungen ergeben sich ebenfalls durch die optimierte Maschinen- und Personalauslastung. Die Beschaffung fehlender Kapazitäten durch den Einkauf verläuft effizienter, da bei bekannten Partnern auf sie zurückgegriffen werden kann. Die Möglichkeit in Zusammenarbeit mit Netzwerkteilnehmern größere Aufträge anzunehmen, gibt dem Vertrieb einen größeren Spielraum bei Preiskalkulationen und Terminzusagen. Kommunikationskanäle zwischen vertrauten Unternehmen (IT-Abteilungen) sind einheitlich gestaltet. Bekannte Abläufe machen komplizierte und aufwändige Vereinbarungs- bzw. Verhandlungsgespräche mit neuen Partnern überflüssig. Insgesamt werden zahlreiche organisatorische Vorteile in den handelnden Unternehmen erzielt. Auftragsabwicklungen werden sukzessiv optimiert und führen zu langfristigen Effizienzsteigerungen.

Große kostentechnische Synergieeffekte entstehen und sichern den Unternehmenserfolg. Die Evaluierung dieser Einsparpotenziale und die anschließende empirische Validierung zeigen ein großes Forschungsfeld über dieses Werk hinaus auf. Nicht nur auf Seiten der Industrie gibt es großes Interesse, die Forschungsbemühungen zum Thema regionaler Netzwerke voranzutreiben. Auch die Politik hat das große Potenzial regionaler Netzwerke erkannt und fördert die Ansiedlung neuer netzwerkfähiger Unternehmen.

6 Quellenverzeichnis

/Aigner2008/ Aigner, Ulrike; Bauer, Christian: Der Weg zum richtigen Mitarbeiter: Personalplanung, Suche, Auswahl und Integration. Praxisorientierter Leitfaden mit arbeitsrechtlicher Begleitung, Wien 2008, Verlag: Linde

/Altmey1997/ Altmeyer, Monika: Gestaltung von Produktionskooperationen: Ein Verfahren zur Generierung, Bewertung und Auswahl von Strategien für horizontale zwischenbetriebliche Produktionskooperationen, Dissertation, Frankfurt 1997, Verlag: Peter Lang

/Arnold2008/ Arnold, Dieter; Kuhn, Axel; Furmans, Kai; Isermann, Heinz; Tempelmeier, Horst: Handbuch Logistik, Karlsruhe, Frankfurt a.M., Dortmund, Köln, 2008, Springer-Verlag

/Becker2002/ Becker, Jörg; Kugeler, Martin; Rosmann, Michael: Prozessmanagement: ein Leitfaden zur prozessorientierten Organisationsgestaltung, Heidelberg 2002, Verlag: Springer

/Becker2004/ Becker, Jörg; Schütte, Reinhard: Handelsinformationssysteme, Frankfurt am Main 2004, Verlag: Moderne Industrie

/Becker2008/ Becker, Jörg; Knackstedt, Ralf; Pfeiffer, Daniel: Wertschöpfungsnetzwerke: Konzepte für das Netzwerkmanagement und Potenziale aktueller Informationstechnologien, Münster 2008, Physica-Verlag

/Boutel2000/ Boutellier, R.; Zagler, M.: Kooperative Beschaffung, in: Produktions- und Logistikmanagement in virtuellen Unternehmen und Unternehmensnetzwerken, Klagenfurt 2000, Springer-Verlag

/Brockh1993/ Brockhoff, Klaus; Hauschildt, Jürgen: Schnittstellenmanagement: Koordination ohne Hierarchie, in: Zeitschrift Führung und Organisation (zfo), Heft 6, 1993

/Brown2009/   Brown, Martin: Stand und Entwicklungstendenzen des Supply Chain Managements in der deutschen Grundstoffindustrie, Kassel 2009, Dissertation Universität Kassel

/Bullin1999/   Bullinger, Hans-Jörg; Ilg, Rolf; Schmauder, Martin: Ergonomie: Produkt- und Arbeitsplatzgestaltung, Hannover 1999, Verlag: Vieweg und Teubner

/Caspar2003/   Caspar, Patrick: Schnittstellenmanagement in virtuellen Dienstleistungsunternehmen, Bamberg 2003, Dissertation an der Universität St. Gallen

/Dangel1996/   Dangelmaier, Wilhelm: Vision Logistik: Logistik wandelbarer Produktionsnetze zur Auflösung ökonomisch-ökologischer Zielkonflikte, Karlsruhe 1996, Dissertation an der Universität Karlsruhe

/Delp2005/   Delp, Martin: Ein Referenzmodell für die Herstellung von Fachmedienprodukten, Stuttgart 2005, Dissertation, in: Bullinger, Hans-Jörg et al.: IPA-IAO Forschung und Praxis, Heimsheim 2005,

/Dyckho1998/   Dyckhoff, Harald: Grundzüge der Produktionswirtschaft, 2.Auflage, Aachen 1998, Springer-Verlag

/Evers1998/   Evers, Michael: Strategische Führung mittelständischer Unternehmensnetzwerke, München 1998, Verlag: Hampp

/Eversh2002/   Eversheim, Walter: Organisation in der Produktionstechnik: Arbeitsvorbereitung, 4. Auflage, Heidelberg 2002, Verlag: Springer

/Figgen2007/   Figgener, Olaf: Prozessstandardisierung in der Intralogistik, Dissertation Fakultät Maschinenbau TU Dortmund, Verlag Praxiswissen Dortmund, 2007

/Fischä2005/   Fischäder, Holm: Störungsmanagement in netzwerkförmigen Produktionssystemen, Ilmenau 2005, Dissertation TU Ilmenau

/Gaitan1983/   Gaitanides, Michael: Prozessorganisation, Entwicklung, Ansätze und Programme prozessorientierter Organisationsgestaltung, München 1983, Verlag: Vahlen

/Gebaue1996/   Gebauer, Judith: Informationstechnische Unterstützung von Transaktionen: Eine Analyse aus ökonomischer Sicht, Wiesbaden 1996, Deutscher Universitätsverlag

/Grabat1981/   Grabatin, Günther: Effizienz von Organisationen, Berlin 1981, Verlag: Gruyter

/Grochl1969/   Grochla, Erwin: Organisation: Handwörterbuch der Organisation, Stuttgart 1969, Schäffer-Poeschel Verlag

/Grote1990/   Grote, Birgit: Ausnutung von Synergiepotentialen durch verschiedene Koordinationsformen ökonomischer Aktivitäten: Zur Eignung der Transaktionskosten als Entscheidungskriterium, Frankfurt a. M. 1990, Verlag: Gabler

/Gudehu2005/   Gudehus, Timm: Logistik: Grundlagen, Strategien, Anwendungen, 3.Auflage, Hamburg 2005, Springer-Verlag

/Hall1977/   Hall, Richard. H. et al.: Patterns of Interorganizational Relationships, in: Administrative Science Quarterly 22, 1977, wissenschaftlicher Artikel

/Häusle2002/   Häusler, Petra: Integration der Logistik in Unternehmensnetzwerken, Frankfurt 2002, Verlag: Lang

/Herbst2002/   Herbst, C: Interorganisationales Schnittstellenmanagement, in: Bea, F.X.: Schriften zur Unternehmensplanung: Band 61, Frankfurt a.M. 2002

/Hirano2007/   Hirano, Hiroyuki: 5s for operators: 5 pillars of the visual workplace; based on 5 pillars of the visual workplace; the sourcebook for 5s implementation, New York 2007

/Hohber2000/   Hohberger, Stefan: Operationalisierung der Transaktionskostentheorie im Controlling, Kassel 2000, Dissertation

/Hosenf1993/   Hosenfeld, Wilhelm-Achim: Gestaltung der Wertschöpfungs-, Innovations- und Logistiktiefe von Zulieferant und Abnehmer, München 1993, Verlag: Gabler

/Howald2001/   Howald, Jürgen: Kooperationsverbünde und regionale Modernisierung: Theorie und Praxis der Netzwerkarbeit, Göttingen 2001, Verlag: Gabler

/Hülsma2005/   Hülsmann, Michael; Wycisk, Christine: Unlocking Organizations: Unlocking Organisations through Autonomous Cooperation – Applied and Evaluated Principles of Self-Organization in Business Structures, Berlin 2005, web publication

/Hülsma2008/   Hülsmann, Michael: Kontinuitätsorientierte Koordination dynamischer Kooperationen, Wiesbaden 2008, Verlag: Gabler

/Jodlba2007/   Jodlbauer, Herbert: Produktionsoptimierung: Wertschaffende sowie kundenorientierte Planung und Steuerung, Wien 2007, Springer-Verlag

/Jünema1999/   Jünemann, Reinhard; Schmidt, Thorsten: Materialflusssysteme: Systemtechnische Grundlagen, Berlin 1999, Springer-Verlag

/Kaluza2000/   Kaluza, Bernd; Blecker, Thorsten: Produktions- und Logistikmanagement in virtuellen Unternehmen und Unternehmensnetzwerken, Klagenfurt 2000, Springer-Verlag

/Kaufma1992/   Kaufmann, Friedrich: Internationalisierung durch Kooperation: Strategien für mittelständige Unternehmen, Köln 1992, Dissertation, Deutscher Universitätsverlag

/Kieser1992/   Kieser, Alfred; Kubicek, Herbert: Organisation, Berlin 1992, Verlag: de Gruyter

/Kosiol1962/   Kosiol, Erich: Organisation der Unternehmung, Wiesbaden 1962, Verlag: Gabler

/Kuhn1995/	Prozessketten in der Logistik, Entwicklungstrends und Umsetzungsstrategien, Dortmund 1995, Verlag: Praxiswissen
/Liebe2004/	Liebe, Ulf: Probleme und Konflikte in wirtschaftlichen Transaktionen, Mainz 2004, Verlag: Lang
/Luczak1999/	Luczak, Holger; Eversheim, Walter: Produktionsplanung und – steuerung: Grundlagen, Gestaltung und Konzepte, 2. Auflage, Aachen 1999, Verlag: Springer
/Luczak2004/	Luczak, Holger; Stich, Volker: Betriebsorganisation im Unternehmen der Zukunft, Aachen 2004, Verlag: Springer
/Mack2002/	Mack, Oliver: Konfiguration und Koordination von Unternehmensnetzwerken: Ein allgemeines Netzwerkmodell, Mainz 2002, Verlag: Gabler
/Malone1990/	Malone, Thomas W.; Crowston Kevin: What is Coordination Theory and how can it help design Cooperative Work Systems?; in: Proceedings of the Conference on Computer supported cooperative Work, Los Angeles 1990
/Mathar2009/	Mathar, Hans-Joachim; Scheuring, Johannes: Grundlagen für die betriebliche Praxis mit zahlreichen Beispielen, Repititionsfragen und Antworten, Zürich 2009, Verlag: Compendio Bildungsmedien
/Matthe2006/	Matthes, Alexandra: Die Wirkung von Vertrauen auf die Ex-Post-Transaktionskosten in Kooperationen und Hierarchie, Vallendar, 2006, Verlag: Gabler
/Mintzb1995/	Mintzberg, H.: Five Ps for Strategy, in Mintzberg/Quinn/Foyer 1995 (original in California Management Review 1987)
/Müller2006/	Müller, David: Grundlagen der Betriebswirtschaftslehre für Ingenieure, Ilmenau 2006, Springer-Verlag
/Nadler1988/	Nadler, David; Tushman Michael: Strategic Organization Design – Concepts, Tools & Processes, London 1988, Harvard University

/N.N.2010a/   Comelio: Umgesetzte Prozesse in betrieblicher Software, in: http://www.comelio.com/technologie-beratung/pps/prozesse, Aufruf am 02.05.2010

/N.N.2010b/   Gabler Wirtschaftslexikon, in: http://wirtschaftslexikon.gabler.de/Definition/logistische-informationssyste-me.html?referenceKeywordName=Logistikinformationssystem, Aufruf am 08.05.2010

/N.N.2009a/   LogistikWissen, in: http://www.logistik-wissen.com/logistik/, Aufruf am 12.05.2010

/N.N.2009b/   Wirtschaftslexikon24.net-SCOR-Modell, in: http://www.wirtschaftslexikon24.net/d/scor-modell-supply-chain-operations-reference-model/scor-modell-supply-chain-operations-reference-model.htm, Aufruf am 21.07.2010

/N.N.k.A.a/   Supply Chain Council, in: http://supply-chain.org/about/scor/what/is, Aufruf am 21.07.2010

/N.N.k.A.b/   Supply Chain Council, in: http://supply-chain.org/about/scor/how/can/scor/help, Aufruf am 21.07.2010

/Pfeffe1978/   Pfeffer, Jeffrey.; Salancik, Gerald R.: The External Control of Organizations – a Resource Dependence Perspective, New York 1978, Stanford Business Classics

/Pfohl2009/   Pfohl, Hans-Christian: Logistiksysteme: Betriebswirtschaftliche Grundlagen, Darmstadt 2009, Deutscher Verkehrs Verlag

/Pohlma1995/   Pohlmann, Markus; Apelt, Maja; Buroh, Karsten; Martens, Henning: Industrielle Netzwerke: Antagonistische Kooperationen an der Schnittstelle Beschaffung-Zulieferung, Mering 1995, Verlag: Hampp

/Porter1998/	Porter, Michael E.: On Competition: A Harvard Business Review Book, Cambridge 1998, Harvard University
/Rasche1970/	Rasche, Hans: Kooperation: Chance und Gewinn, Heidelberg 1970, Verlag: Sauer
/Reiß2000/	Reiß, M.: Koordinatoren in Unternehmensnetzwerken, in: Produktions- und Logistikmanagement in virtuellen Unternehmen und Unternehmensnetzwerken, Klagenfurt 2000, Verlag: Springer
/Rieche2008/	Riechey, Juliane: Dauerhafte Kooperation: ein Grenzmanagementproblem, in: Hülsmann, Michael: Kontinuitätsorientierte Koordination dynamischer Kooperationen, Wiesbaden 2008, Verlag: Gabler
/Roteri1993/	Rotering, Joachim: Zwischenbetriebliche Kooperationen als alternative Koordinationsform: ein transaktionskostentheoretischer Erklärungsansatz, Stuttgart 1993, Verlag: Schäffer-Poeschel
/Roß2006/	Roß, Andreas: Wertsteigerung durch Netzwerkkompetenz: Konzeption und praktischesVorgehen, Düsseldorf 2006, Verlag: Eul
/Ruprec1994/	Ruprecht-Däullary, Marita: Zwischenbetriebliche Kooperationen: Möglichkeiten und Grenzen durch neue Informations- und Kommunikationstechnologien, Wiesbaden 1994, Verlag: Springer
/Schenk2004/	Schenk, Michael; Wirth, Siegfried: Fabrikplanung und Fabrikbetrieb: Methoden für die wandlungsfähige und vernetzte Fabrik, Heidelberg 2004, Verlag: Springer
/Schlic2010/	Schlick, Christopher; Bruder, Ralph; Luczak, Holger: Arbeitswissenschaft, 3. Auflage, Berlin 2010, Verlag: Springer
/Schuh2005/	Schuh, Günter; Friedli, Thomas; Kurr, Michael: Kooperationsmanagement: Systematische Vorbereitung – Gezielter Auf- und Ausbau – Entscheidende Erfolgsfaktoren, München 2007, Verlag: Springer

/Schuh2006/	Schuh, Günther: Produktionsplanung und –steuerung: Grundlagen, Gestaltung und Konzepte, Aachen 2006, Verlag: Springer
/Schult1999/	Schulte, Christof: Logistik: Wege zur Optimierung des Material- und Informationsflusses, München 1999, Verlag: Vahlen
/Schweg2002/	Schwegmann, Ansgar; Laske, Michael: Istmodellierung und Istanalyse. In: Becker, Jörg et al.: Prozessmanagement – Ein Leitfaden zur prozessorientierten Organisationsgestaltung, Heidelberg 2002, Verlag: Springer
/Simon1976/	Simon, Herbert Alexander et al.: Administrative Behaviour: A study of Decision-Making Processes in Administrative Organizations, New York 1976, Free Press, 4 Sub edition
/Skiba1974/	Skiba, Reinald: Arbeitsgestaltung: Referate und Diskussion in der Sitzung der Arbeitsgruppe Forschung und Technik am 25.Oktober 1973, Dortmund 1974
/Stölzl2002/	Stölzle, Wolfgang; Gareis, Karin: Integrative Management- und Logistikkonzepte, Wiesbaden 2002, Verlag: Gabler
/Sydow2005/	Sydow, Jörg: Strategische Netzwerke: Evolution und Organisation, 6. Nachdruck, Wiesbaden 2005, Verlag: Gabler
/Sydow2006/	Sydow, Jörg: Management von Netzwerkorganisationen: Beiträge aus der Managementforschung, Berlin 2006, Verlag: Gabler
/Teich2001/	Teich, Tobias: Hierarchielose regionale Produktionsnetzwerke, Chemnitz 2001, Dissertation TU Chemnitz
/Tempel2005/	Tempelmeier, Horst; Günther, Hans-Otto: Produktion und Logistik, Berlin 2005, Verlag: Springer
/TenHom2007/	Ten Hompel, Michael; Schmidt, Thorsten; Nagel, Lars: Materialflusssysteme: Förder- und Lagertechnik, 3. Auflage, Dortmund 2007, Verlag: Springer

/TenHom2008/   Ten Hompel, Michael; Schmidt, Thorsten: Warehouse Management: Organisation und Steuerung von Lager- und Kommissioniersystemen, 3. Auflage, Dortmund 2008, Verlag: Springer

/Thomps1967/   Thompson, James David: Organizations in action,: social science bases of administrative theory, New York 1967, Verlag: Mc Graw-Hill

/Tröndl1987/   Tröndle, Dirk: Kooperationsmanagement: Steuerung interaktioneller Prozesse bei Unternehmenskooperationen, Bergisch Gladbach 1987, Verlag: Gabler

/Tröste1991/   Tröster, Norbert: Anforderungen des Handels an Verpackungen, Köln 1991, Verlag: ISB, Institut für Selbstbedienung und Warenwirtschaft

/Tsai1998/   Tsai, Wenpin; Ghoshal, Sumantra: Social Capital and Value Creation: The Role of Intrafirm Networks, Academy of Management Journal, Heft 4, S.464-478, New York 1998

/Vorhus1994/   Vorhusen, K.: Die Organisation von Unternehmenskooperationen: Joint Ventures und strategische Allianzen in Chemie- und Elektroindustrie, Frankfurt a.M. 1994, Verlag: Lang

/Wannew2006/   Wannewetsch, Helmut: Integrierte Materialwirtschaft und Logistik: Beschaffung, Logistik, Materialwirtschaft und Produktion, Berlin 2006, Verlag: Springer

/Weber2009/   Weber, Wolfgang: Einführung in die Betriebswirtschaftslehre, Wiesbaden 2009, Verlag: Gabler

/Wildem2000/   Wildemann, H.: Konzepte und Steuerungsprinzipien für das Produktionsmanagement in Unternehmensnetzwerken, in: Produktions- und Logistikmanagement in virtuellen Unternehmen und Unternehmensnetzwerken, Klagenfurt 2000

/Winz1997/   Winz, Gerald; Quint, Michael: Prozesskettenmanagement: Leitfaden für die Praxis, Dortmund 1997, Verlag: Praxiswissen

/Wittig2005/   Wittig, Antje: Management von Unternehmensnetzwerken: Eine Analyse der Steuerung und Koordination von Netzwerken, Saarbrücken 2005, Verlag: Gabler

/Wohlge2002/   Wohlgemuth, O.: Management netzwerkartiger Kooperationen: Instrumente für die unternehmensübergreifende Steuerung, Wiesbaden 2002, Deutscher Universitätsverlag

/Zahn2000/   Zahn, E.; Foschiani, S.: Wettbewerbsfähigkeit durch interorganisationale Kooperation, in: Produktions- und Logistikmanagement in virtuellen Unternehmen und Unternehmensnetzwerken, Klagenfurt 2000, Verlag: Gabler

/Zarnek2007/   Zarnekow, Rüdiger: Produktionsmanagement von IT-Dienstleistungen: Grundlagen, Aufgaben und Prozesse, Heidelberg 2007, Verlag: Springer

/Zundel1999/   Zundel, Phil: Management von Produktionsnetzwerken: Eine Konzeption auf Basis des Netzwerkprinzips, München 1999, Deutscher Universitätsverlag

Autorenprofil

Michael Bolz wurde 1982 in Dortmund geboren. Sein Logistikstudium schloss er 2010 an der technischen Universität Dortmund mit dem akademischen Titel Diplom-Logistiker ab. Während des Studiums sammelte der Autor umfassende Kenntnisse in Industrie und Handel. Durch Tätigkeiten an verschiedenen Lehrstühlen entwickelte er sein Interesse im Bereich der Unternehmenskooperationen. Er führte erste Forschungsarbeiten in Südafrika durch, bevor er im Jahr 2011 dieses Buch veröffentlichte.